【新装版】

現代仏教聖典

東京大学仏教青年会編

大法輪閣

帰《き》敬《きょう》文《もん》

人身《にんしん》受《う》け難《がた》し　今已《いますで》に受《う》く　仏法《ぶっぽう》聞《き》き難《がた》し　今已《いますで》に聞《き》く

この身《み》今生《こんじょう》に向《む》かって度《ど》せずんば　更《さら》に何《いず》れの生《しょう》に向《む》かってかこの身《み》を度《ど》せん

大衆《だいしゅ》もろともに　至心《ししん》に三宝《さんぼう》に帰依《きえ》し奉《たてまつ》るべし

自《みずか》ら仏《ぶつ》に帰依《きえ》したてまつる　当《まさ》に願《ねが》わくは衆生《しゅじょう》とともに　大道《だいどう》を体解《たいげ》して無上意《むじょうい》を発《おこ》さん

自《みずか》ら法《ほう》に帰依《きえ》したてまつる　当《まさ》に願《ねが》わくは衆生《しゅじょう》とともに　深《ふか》く経蔵《きょうぞう》に入《い》って智慧《ちえ》海《うみ》の如《ごと》くならん

自《みずか》ら僧《そう》に帰依《きえ》したてまつる　当《まさ》に願《ねが》わくは衆生《しゅじょう》とともに　大衆《だいしゅ》を統理《とうり》して一切無礙《いっさいむげ》ならん

無上甚深微妙《むじょうじんじんみみょう》の法《ほう》は　百千万劫《ひゃくせんまんごう》にも遭《あ》い遇《あ》うこと難《かた》し

我《わ》れ今見聞《いまけんもん》し受持《じゅじ》することを得《え》たり　願《ねが》わくは如来《にょらい》の真実義《しんじつぎ》を解《げ》したてまつらん

現代　仏教聖典　目　次

I　自己を見つめる

1　生きるすがた

(1) 真の知識

① ある時、世尊《せそん》（釈尊、ゴータマ・ブッダ）はウルヴェーラーに向かって遊行《ゆぎょう》しておられた。世尊は道からはずれて、とある林にたどりつき、その林に入って、一樹のもとに休息された。その時、三十人の知識人の仲間たちが、それぞれ夫人と一緒にその林で遊んでいたが、そのうちの一人だけは夫人がいないので、遊女を連れていた。やがて、かれらが遊びにふけっている間に、その遊女はかれの財物を奪って逃げてしまった。

仲間の友だちは、かれに協力して、遊女を探して林の中をさまようちに、世尊が一樹のもとに坐っているのを見て、近づいて、世尊に問うた。

「世尊よ、一人の婦人を見ませんでしたか」

「きみたちよ、婦人をどうしようというのだ」

「今、わたしたち三十人の知識人の仲間は、夫人と連れ立ってこの林に遊んでおりましたが、そのうちの一人に夫人がいないものですから、かれだけは遊女を連れておりました。わたしたちが遊びにふけっていると、その遊女は財物を奪って逃げてしまったのです。そのために、わたしたち友人は、かれに協力して、遊女を探して林の中をさまよっているのです」

「きみたちよ、婦人を探し求めるのと自己を探し求めるのと、そのどちらが勝れていると思うか」

「わたしたちは、自己を探し求めることのほうが勝れていると思います」

「きみたちよ、そのように思うならば、ここに坐りなさい。わたしは、きみたちのために真理の教えを説こう」〔律《りつ》　蔵《ぞう》〕

② たとい、博学であり、どれほど知識があっても、自己自身を知らなければ、真に知識のある人とはいえない。だから、自己自身を知らないで他のことを知るということは、あり得ない。〔盲《もう》按《あん》杖《じょう》〕

③ これまでに富を得た者は多く、名声を得た者も多い。しかし、富や名声と共に、かれらはいずこに去ったのか。だれもまったくその跡を知らない。〔入菩提行論《にゅうぼだいぎょうろん》〕

(2) 無知の闇

① 人間にとって自然な感情というものは、なにごとにおいても、生を喜び死を恐れ、進むことを好み退くことを憎むものである。〔弘明集《ぐみょうしゅう》・遠法師答〕

② われわれは生まれ、生まれ、生まれ、生まれて、生の始めについて暗く、死に、死に、死に、死んで、死の終りについて冥《くら》い。〔秘蔵宝鑰《ひぞうほうやく》〕

③ 真実の智慧に啓発されていない人びとの心には、四種のさかさまな見解がある。
一には、幻影によってできていて、移り変り常なき身であり、今日とも知れない命であるのに、これを忘れて、この身を常住のものであると思う心。

二には、この身は、数知れぬ苦しみの本《もと》であるのに、そのことを知らずに、欲や楽しみの身であると思う心。

三には、元来この身は、地・水・火・風の諸元素が集合してできた仮《かり》のものであり、それには自我と呼べるような固定した実体は存在しない。それなのに、錯覚してこの身に自我があると思う心。

四には、この身は、不浄であり、さまざまの汚物が充満しているのに、それをわきまえずに、この身を清浄《しょうじょう》であると楽しむ心。〔反故集《ほごしゅう》〕

④　心の統一が得られないで、愛欲のために悩まされ、両腕を広げて、泣きながら、わたし（サッパダーサ長老）は、次のようにいって、精舎《しょうじゃ》から出ていった。
「わたしは刀をもってこようか。わたしは、生きていて何の用があろうか。じつに、わたしのような者は、学ぶべきことがらを捨てて、いかにして死のうか」

その時、わたしは剃刀《かみそり》を手にして、座席につき、自分の脈管を切るために、剃刀を抜いた。

それからわたしに、正しい道理にかなった思いが起こり、嫌悪の念が現われ、世間を厭《いと》い離れようとする心が生じた。〔テーラ・ガーター〕

⑤　〈我見《がけん》・妄想《もうそう》〉というのは、〈五つの構成要素の集合〉である個体に即して、自我が存在すると解したり、その反対に個体から別に離れて、自我が存在すると解したりして、あれこれと自我に執《とら》われて、みだりに〈即する〉と〈離れる〉との二我をもつことをいう。

「即する」ということに執われるから、自我は断滅するものであると思いこむ〈断見《だんけん》〉が生じ、「離れる」ということに執われるから、自我は常住で変らないものであると思いこむ〈常見《じょうけん》〉が生ずるのである。

〔勝鬘経義疏《しょうまんぎょうぎしょ》〕

⑥　知識による理解を積んで智慧を得たことで、さとりを得たと思うのは正しくない、といわれる。この言葉に基づいて、ある人は、知識による理解を捨てて、道にかなう者になろうと思う。しかし、この人は、知識による理解を捨てさえすれば、という執著《しゅうじゃく》の思いに妨《さまた》げられるから、道にかなうことができないのである。

〔夢中問答集《むちゅうもんどうしゅう》〕

(3)　悪しき行ない

①　およそ、世間の人びとは、うろつき怠けていて、進んで善をなし、身を修め、仕事に精励しないから、家族は飢えと寒さのために苦しむ。父母がかれをさとすと、目を怒らして口答えする。父母の言葉に従わないで、逆らうさまは、まるで仇敵《かたき》に対するようである。だから、「こんな子なら、いないほうがいい」とさえ、父母は思う。

〔無量寿経《むりょうじゅきょう》〕

② 怒りやすくて恨《うら》みを抱き、邪悪にして他人の美徳を隠し、誤った見解に固執《こしゅう》し企《たく》みのある人――かれを賎《いや》しい人であると知れ。〔スッタニパータ〕

③ 世尊はこのように説かれた。

「富める者たちよ、身体による三種の不法な行為・不正な行為があり、言葉による四種の不法な行為・不正な行為があり、心による三種の不法な行為・不正な行為がある。

富める者たちよ、まず、身体による三種の不法な行為・不正な行為とは何であろうか。富める者たちよ、⑴生物を殺す者がいる。かれは兇暴であり、手を血で塗らし、殺すことに熱中し、生物に対する同情心がない。また、⑵与えられていないものを取る者がいる。かれは他人が村や森に所有している財物を、与えられもしないのに、それを盗み取る。また、⑶男女の邪《よこしま》な交わりにふける者がいる。かれは、母親に護られている女、父に護られている女、父母に護られている女、兄弟に護られている女、姉妹に護られている女、親族に護られている女、一族に護られている女、夫をもつ女、杖罪に護られている女、あるいは花飾りや装身具で着飾った女、このような女性と交わる者である。

富める者たちよ、言葉による四種の不法な行為・不正な行為とは何であろうか。富める者たちよ、まず、(1)偽《いつわ》りを語る者がいる。かれは公の集会にゆき、親族の中にゆき、組合の中にゆき、あるいは法廷の中にゆき、証人として召喚《しょうかん》されて、〝さあ、あなたは、自分の知っていることを述べなさい〟と問われる。かれは知らないことを〝知っている〟といい、知っていることを〝知らない〟といい、見ていないことを〝見ている〟といい、見ていることを〝見ていない〟と答える。このように、かれは自分のために、他人のために、あるいはわずかの利益のために、わざと偽りを語る者である。また、(2)二枚舌を使う者がいる。かれはこちらで聞いたことを先方にいって喋《しゃべ》って、こちらの人たちを仲たがいさせる。あるいは先方で聞いたことをこちらの人たちに喋って、先方を仲たがいさせる。このように、かれは和合を破る者であり、仲たがいを助ける者である。かれは仲たがいを好み、仲たがいを楽しみ、仲たがいを喜び、仲たがいを引き起こす言葉を語る者である。また、(3)悪口をいう者がいる。かれの言葉は粗野であり、乱暴であり、他人を苦しめ、他人を怒らせ、怒りを伴っており、心の統一を得るのに役立たないものである。かれはそのような言葉を喋る者なのである。また、(4)おべっかを使う者がいる。むやみにおべっかを使い、意味のないことを喋り、不正なことを語り、道理に合わないことを喋る。記憶するに足らない言葉、あるいは無根拠・無際限・無利益の話を、話すべき時でないのに喋る。

富める者たちよ、心による三種の不法な行為・不正な行為とは何であろうか。富める者たちよ、まず、(1)貪《むさぼ》り求める者がいる。〝ああ、あの人のものは、わたしのものであってほしい〟といって、他人の財物なら何でも貪りほしがる者である。また、(2)怒りの心をもつ者がいる。かれは〝これら生けるものは殺されるがよい、撃ち殺されるがよい、打ち倒されるがよい、生き延びるな〟といって、憎悪《ぞうお》の念を抱く。また、(3)邪《よこしま》な見解をもつ者がいる。かれはさかさまな考えをもって〝布施《ふせ》をしてもその功徳の報《むく》いはないし、神に犠牲を捧げても功徳は得られないし、供養を行なっても功徳はない。善または悪の行為をなしてもその報いはない。この世もないしあの世もない。母もないし父もなく、化生《けしょう》（仮に身体をもって現われた者）の者もない。この世とあの世をみずから知り、そして実証して説くところの、正しく行ない、正しく到達している道の人・バラモン（真の修行者）は、この世に存在しない〟と主張する。

富める者たちよ、このように、不法な行為・不正な行為によって、じつにある種の人びとは、この世で身体が滅して死んだ後、苦界・悪の境界《きょうがい》・破滅の世界・地獄に生まれる」

〔マッジマ・ニカーヤ〕

(4) 身体の見方

①

世尊はこのように説かれた。

「修行者たちよ、容色美のもたらす利点とは何か。たとえば、クシャトリヤ（武士・王侯階級）の娘か、バラモン（司祭者階級）の娘がいて、年のころ十五か十六で、背は高からず、低からず、やせすぎず、太りすぎず、色は黒すぎず、白すぎないならば、その時、彼女は最も美妙《びみょう》で端麗《たんれい》の娘であろう。修行者たちよ、美妙であり端麗であることによって生ずる幸福と喜びとが、容色美のもたらす利点である。

修行者たちよ、容色美のもたらす災《わざわ》いとは何か。かの娘が年をとって、八十、九十、百歳となったならば、年老い、垂木《たるき》のように腰が曲がり、杖にすがり、身体を振るわせながら歩き、病み衰え、歯は抜け、頭髪は白く短くなり、あるいは禿《は》げ、皮膚に皺《しわ》が寄り、身体に斑点《はんてん》が生ずるであろう。それを見て、人びとはこのように思うであろう。〝かつて、美妙で端麗であった彼女は消え失せて、醜悪《しゅうあく》な姿が現われた〟と。修行者たちよ、これが容色美のもたらす災いである」

〔マッジマ・ニカーヤ〕

②　天界からやってきた帝釈《たいしゃく》は、ウダヤ王女にこのように語った。
「ほんのわずかな時間のように、若さは消える。確かなところなどどこにもない。生きているものは死ぬ。身体はだんだんと衰える。ウダヤよ、きちんとした生活を送るがよい。いい加減であってはならない」

〔ジャータカ〕

③　みずから自己の身体を観察してみると、すでに、受胎の時から不浄で、悪臭を放ち、諸器官は生《しょう》・老《ろう》・病《びょう》・死《し》の変化をたどる。また、つぶさに自己を観察してみれば、一片の事実もなく、わがものといえるものもなく、悔《く》い恥じる心とてない。
賢《かしこ》く清らかな人びとは、不浄の身体を捨てる。汚い分泌物や排泄物の臭気を放つ個所は、まさに死体に似ている。この身体は骨節たがいに組み合って、血肉で覆われ、もろもろの孔《あな》からは、常に不浄が流れている。

〔華《け》厳《ごん》経《きょう》〕

④　ナーガセーナ長老はミリンダ王にこのように語った。
「大王よ、尊き師（ブッダ）は生けるものたちを憐《あわ》れむのあまり、〝修行者たちよ、身体を滅ぼしてはならない〟といって、学ぶべき規律――〝修行者たちよ、自殺すべきではない。自殺する者は規律に従って処置されるであろう〟ということを制定され

ました」

〔ミリンダ王の問い〕

⑤　ただ仏道修行を専らにして、衣食を貪り求めてはならない。「身体や血肉さえよく保持すれば、心もそれに随ってよくなる」と、医術などにも説いている。まして仏道を学ぶ人が戒律をたもち、清らかな修行をし、諸仏や祖師たちの行ないに習って、わが身を修養《しゅうよう》したならば、心もそれに随って調御《ちょうぎょ》されよう。

〔正法眼蔵随聞記《しょうぼうげんぞうずいもんき》〕

(5)　怖れと苦しみ

①　世尊はこのように説かれた。

「田地があれば田地のことで心配し、家があれば家のことで心配し、牛・馬など六種の家畜、男女の召使、金銭や財宝、衣服や食物、または家具などに至るまで、あれこれと心配し悩む。有れば有り、無ければ無いで思い煩《わずら》い、ためいきばかりし、憂《うれ》いがこうじて、なげきおののくのである。

たまたま、思いがけない水害・火災・盗難に会って、それらの田地や家などが流され、焼かれ、盗まれ、あるいは怨みをもつ者や債権者のために取り上げられて、一物

も余さずに消え失せると、憂いは毒となってかれの心をさいなむから、恐れおののいて、心の静まる時がない」〔無量寿経〕

② キサーゴータミー女は述懐《じゅっかい》する。

わが幼く賢い坊やは、幸福のただ中に住み、わたし自身の命のようにわたしに可愛がられていたが、ついに死の世界に旅立ってしまった。

憂い悩み、語る言葉も哀れに、眼には涙を浮かべ、泣き顔をし、わが子の屍体《したい》を抱きかかえて、嘆《なげ》きながらわたしはさまよい歩いた。

その時、ある人に励まされて最上の医師（ブッダ）のもとに近づき、「坊やの命を授ける薬をお与えください」と、申しあげた。「そなたよ。死者を出したことのない家から、白い芥子《けし》の実をもらってきなさい」と、人びとを教え導くことに巧みな勝者（ブッダ）はいわれた。

そこで、サーヴァッティー（舎衛城《しゃえじょう》）に出かけていったが、そのような家を一軒も見つけることはできなかった。「それならば、どこから白い芥子の実を得たらよいであろうか」と、思った瞬間、わたしは正しい思念《しねん》を体得したのである。

わが子の屍体を手から離して、世間の導師（ブッダ）のもとに近づきつつあるわたしを、はるかにご覧になったブッダは、妙なる声で、このように語った。

「生滅の道理を見ないで百年を生きるよりも、一日を生きて生滅の道理を見ることの方がより勝れている。これは、村落の法でもなく、町の法でもなく、また、一家の法でもない。この無常の道理は、神々を含むすべての世間の真理である」〔アパダーナ〕

③　世尊に、次の思いが生じた。
無知の凡夫《ぼんぷ》は、みずから老いる存在であり、老いを免れ得ないものであるのに、他人が老衰したのを見て悩み、恥じ、厭《いと》う。実際、自分のことをよく考えてみると、

「わたしもまた、老いる存在であり、老いを免れ得ないのに、他人が老衰したのを見て悩み、恥じ、厭うならば、これはわたしにとってふさわしくないであろう」

と。修行者たちよ、このように深く考えた時、そのわたしに、青春時の青年の高慢は、すべて捨てられてしまった。

無知の凡夫は、みずから病《や》む存在であり、病《やまい》を免れ得ないものであるのに、他人が病むのを見て悩み、恥じ、厭う。実際、自分のことをよく考えてみると、

「わたしもまた、病む存在であり、病を免れ得ないのに、他人が病むのを見て悩み、恥じ、厭うならば、これはわたしにとってふさわしくないであろう」

と。修行者たちよ、このように深く考えた時、そのわたしに、健康時の無病の高慢は、すべて捨てられてしまった。

無知の凡夫は、みずから死ぬ存在であり、死を免れ得ないものであるのに、他人が死ぬのを見て悩み、恥じ、厭う。実際、自分のことをよく考えてみると、

「わたしもまた、死ぬ存在であり、死を免れ得ないのに、他人が死ぬのを見て悩み、恥じ、厭うならば、これはわたしにとってふさわしくないであろう」

と。修行者たちよ、このように深く考えた時、そのわたしに、生存の高慢は、すべて捨てられてしまった。

〔アングッタラ・ニカーヤ〕

④　楽しみそのものに実体はない。ただ苦しみのやんだ状態を楽しみという。同様に、苦しみにも実体はない。楽しみのやんだ状態を苦しみというのである。

〔一遍上人語録《いっぺんしょうにんごろく》〕

(6)　さけがたい別れ

①　人間に生を受けた者ならだれでも、身分の上下にかかわらず、憂いのない者はいないけれども、時を異にし人を異にすることによって、その嘆《なげ》きはさまざまである。たとえば、

病気になった場合、何の病気であれ、重くなれば、これより重い病はないと思うようなものである。主人との別れ、親との別れ、また、夫妻の別れ、どれ一つとしてその悲しみの軽いものはない。しかし、そうではあっても、主人との別れの場合には、一人の主人に別れても、また仕えるべき別の主人に出会えるであろう。また、夫妻の別れにしても、年月が経てば、心に安らぎを得ることもあるであろう。しかし、親子の別れに至っては、月日が経てば経つほど、いよいよ嘆きが深まるように思われる。〔光日房御書《こうにちぼうごしょ》〕

② 朝早く見かけた人びとの中にも、夕方、会うことができない人がいる。夕方、見かけた人びとの中にも、朝早く会うことができない人がいる。〔ジャータカ〕

(7) 善の探求

① 人びとは、分別ぶって、物知り顔をしているけれども、まずもって、死の近づいていることを知っている人はまれである。さらに、自分が年をとったことさえ知らない。また、無益なことを好み、心に偽《いつわ》りがあり、高慢で、人に諂《へつら》い阿《おもね》り、憐《あわ》れみの思いなく、みずから貪欲《とんよく》強く、執著《しゅうじゃく》の心深い者であることを知らず、また、家業に勤むべきことや、忠孝の

道も知らず、そして仁義《じんぎ》に背《そむ》いていることも知らない。

この道理に気づいて恥じる人は、道理にはずれた心のせいで自分の心は苦しむのだと確かに知って、心の底から改心すべきである。

〔反故集〕

② どんなものでも、心が快楽《けらく》にくらまされて、それに歓《よろこ》びを求めるならば、それぞれのものは千倍の苦しみに変じて現われる。
それだから、智慧ある者は、歓びを求めてはならない。求めれば、危難が生ずる。危難がおのずから現われてくる時は、確固としてその危難を待ち受け、それから逃げるべきではない。

〔入菩提行論〕

③ 勝利からは怨《うら》みが生じ、敗れた者は苦しんで暮らす。勝敗を捨てて、やすらぎに帰した人は、安楽に暮らす。
人は怒《いか》らないことによって怒りに勝ち、善によって悪に勝ち、与えることによって物惜しみに勝ち、真実によって虚偽《きょぎ》に勝て。

〔ダンマパダ〕

④　たとい悪い行ないをしても、善をもってこれをつぐなえば、その人はこの世を照らすこと、あたかも雲間を出た月のようなものである。〔ダンマパダ〕

2 生のなりたち

(1) 欲望

①

世尊はこのように説かれた。

「おまえ（悪魔ナムチ）の第一の軍隊は欲望であり、第二の軍隊は嫌悪《けんお》といわれる。第三の軍隊は飢渇《きかつ》であり、第四の軍隊は愛執《あいしゅう》といわれる。

おまえの第五の軍隊は物憂《ものう》さ、睡眠であり、第六の軍隊は恐怖《くふ》といわれる。おまえの第七の軍隊は疑惑《ぎわく》であり、第八の軍隊は見せかけと強情《ごうじょう》とである。

誤って得られた利得と名声と尊敬と名誉と自己をほめ讃《たた》えて他人を軽蔑《けいべつ》することは、ナムチよ、これらはおまえの軍隊である。黒き魔の攻撃軍である。勇者でない者は、かれに打ち勝つことができない。勇者は打ち勝って楽しみを得る」

「見よ、神々および世人は、我《が》でないものを我《が》と思いなし、名称と形態とに執著し、

〝これこそ真理である〟と考えている」

〔スッタニパータ〕

② 欲望は愛着性によって生まれ、われわれの生活はその欲望に基づいて行なわれる。だから、われわれの愛着の生活は、欲望を根本としており、原因と結果の関係でいえば、愛着性と欲望が原因となって、愛着の生活という結果が生ずる。好ましいものは貪《むさぼ》り欲し、好ましくないものは厭い憎み、もしも愛着心を満足させてくれなければ、そのものに対して憎しみや妬《ねた》みを起こして、われわれは悪業を作っていくのである。

〔円《えん》覚《がく》経《きょう》〕

③ この世に人間として生まれてくるのは、みな、自我に執著するからである。もし自我への執著を離れれば、生まれてくることはないのである。

〔華　厳　経〕

④ 貪欲と嫌悪とは自身から生ずる。楽と不楽と身の毛のよだつこととは自身から生ずる。もろもろの妄想《もうぞう》は自身から生じて心を放つ。あたかも、子供らが鳥を放つように。

〔スッタニパータ〕

⑤ マールンキヤ・プッタ長老は語った。

「だれでも、劣悪で、この世において制しがたい自己の愛執に、かれ自身が打ち勝たないならば、かれのもろもろの憂いは増大する。あたかも、ピーラナ草のはびこるように」

〔テーラ・ガーター〕

(2)　悪業のさわり

① 昔、インドに一軒の貧しい家があった。その家の嫁《よめ》と姑《しゅうと》は常に不和であった。ある時、嫁が食事の支度をしていた時、姑は道理に反して嫁を叱った。嫁は怒《いか》りと恨《うら》みを感じたが、目上の姑に対していい争うことができなかった。そこで、そばにいた牡羊《めひつじ》に向って、「畜生の羊め」といって、燃えさしの薪《まき》で打った。その火は羊の毛に燃え移り、羊は鳴き叫び、逃げ出して、積みわらの中に入った。その火がわらに燃え移った時、風が烈《はげ》しく吹いてきて、大火となった。火は民家を焼き払って、国王の象小屋に達した。象は象小屋を打ち破って逃げ出し、隣国にまで走り去り、その国の人民や田畠に被害を与えた。これが基《もと》となって、両国の争いに発展し、数十年間の戦争になったという。

見よ、嫁と姑の争いが両国の戦争となったことを。ひとたび怒りや恨みを起こしたという過失《とが》が、ひいては長い年月の災いとなる。恨んだり恨み返したりして、自他ともに不幸な境遇に沈むことは、このたとえのとおりである。ひとたび起こした怒りや恨みはわずかであろうとも、その悪業《あくごう》のさわりは増大する。じつに心すべきことである。

〔十善法語《じゅうぜんほうご》〕

② きわめて長い年月の間に積み重ねられた善行、布施、そして善逝《ぜんぜい》（仏）への供養のすべてを、怒りは一撃のもとに打ち壊《こわ》す。

怒りに等しい悪行はなく、忍耐に等しい苦行《くぎょう》（善行）はない。だから、いろいろな方法によって、努めて忍耐を修習《しゅじゅう》すべきである。

〔入菩提行論〕

(3) 迷　妄

① 世尊はこのように説かれた。

「汝（セーラ）は、来た人の道も、去った人の道も知らない。汝は、生と死の両極を見ないで、いたずらに泣き悲しむ。

迷妄《めいもう》に執《とら》われ、自分を損《そこな》っている人が、もしも泣き悲しんでなんらかの利益を得ることがあるならば、賢者もそうするがよかろう。

泣き悲しむことによっては、心の平安は得られない。ただ、ますますかれに苦しみが生じ、身体が損われるだけである」
〔スッタニパータ〕

② 修行者たちよ、これら五つは、すでに生ずると除去しがたいものである。何が五つか。すでに生じた貪欲《とんよく》は除去しがたい。すでに生じた瞋恚《しんに》は除去しがたい。すでに生じた愚癡《ぐち》は除去しがたい。すでに生じた抗弁《こうべん》は除去しがたい。すでに生じた離心《りしん》は除去しがたい。
〔アングッタラ・ニカーヤ〕

③ たとい善を行なう者があっても、それはただ世間の利益や名誉を求めることを主眼としている。このような人は、専心にさとりの道を修めることはできない。〔占察善悪業報経《せんざつぜんあくごうほうきょう》〕

(4) 蒔いて刈り取る

① 人は、自分のなした行為の善悪を、自分自身で知る。善をなす者は善を、そして悪をなす者は悪を知る。どのような種子を蒔《ま》いても、人はそれから生じた果実を収穫するものである。
〔ジャータカ〕

②　「わたしには報《むく》いがこないであろう」といって、悪を軽視してはならない。水滴が落ちれば、水瓶《がめ》をも満たす。愚《おろ》か者は少しずつ悪を積み、やがて災いで満たされてしまう。「わたしには報いがこないであろう」といって、善を軽視してはならない。水滴が落ちれば、水瓶をも満たす。賢者は少しずつ善を積み、やがて幸福で満たされる。〔ダンマパダ〕

(5)　縁起のすがた

①　信者よ、ここに聖なる弟子は、このように考察する。此《これ》がある時彼《かれ》があり、此が生ずる時彼が生じ、此がない時彼がなく、此が滅する時彼が滅する。

すなわち、真理に対する無知に縁《よ》って生活作用（行為・経験）が生じ、生活作用に縁って識別作用が生じ、識別作用に縁って名称と形態（人格的個体）が生じ、名称と形態に縁って六つの感覚機能が生じ、六つの感覚機能に縁って対象との接触が生じ、対象との接触に縁って感受作用が生じ、感受作用に縁って愛執が生じ、愛執に縁って執著が生じ、執著に縁って生存が生じ、生存に縁って生まれが生じ、生まれに縁って老いと死、憂い・悲しみ・苦しみ・悩み・悶《もだ》えが生ずる。このように、このすべての苦しみの集合が生ずるのである。

またじつに、無知を残らず滅することに縁って生活作用が滅し、……乃至《ないし》……このように、このすべての苦しみの集合が滅するのである。〔サンユッタ・ニカーヤ〕

② 善と悪とは相互に助け合うものであって、悪も善の縁《えん》（間接原因）となり、善も悪の縁となる。〔沙《しゃ》石《せき》集《しゅう》〕

③ およそ、落葉した樹木はいつまでも落葉したままではない。春になれば、葉が茂り、花を咲かす。厚い氷はいつまでも氷のままであろうか。夏になれば、解けて流れる。穀物の芽も水分を得て発芽し、果実も時がくれば実を結ぶ。

昔、盗賊の戴淵《たいえん》は陸機《りくき》に戒《いまし》められて、改心して将軍となった。乱行の周処《しゅうしょ》は老父に戒められて、忠孝を尽くす人となった。このような事例は、原石が磨かれてたちどころに高価な宝石となり、鯨《くじら》の眼が夜を照らす明月珠《めいげつしゅ》となったというようなものである。

すべて、ものには固定した性質はない。人間はどうして常に悪人であろうか。機縁《きえん》に会えば、凡人・愚者であっても仏の道に入ろうと願う。教えに順《したが》って学べば、凡人も賢人・聖者になろうと思う。〈牡羊〉といっても、それ自身の本性はない。愚かな者もまた、愚かなままでいるわけではない。

それ故に、本来の仏性《ぶっしょう》が内心にきざし、仏の光明が外に輝き出すと、たちどころにかれはみずから節食し、しばしば他の人びとに布施をなす。種子の芽が蕾《つぼみ》となり葉が延びるように、かれの善心の芽生えは次第に成長する。花咲き実を結ぶように、善心は発展する。こうして、悪行をさけ善行をなそうと自戒していく。〔秘蔵宝鑰《ひぞうほうやく》〕

④　われわれの行為は心作用に従って起こる。個々の具体的な行為に大小の差はあっても、心作用を因として行為の果をもたらすという因果《いんが》の道理に関しては、いずれも違いがない。心作用のあるところに、行為がある。だから、人が真理や真実に背《そむ》いた行為をなすならば、そこに当然、地獄も存在するであろうし、餓鬼《がき》や畜生界《ちくしょうかい》も存在することになろう。〔十善法語〕

⑤　世尊が尋ねられた。
「修行者たちよ、この世に生を受けることによって、老いることと死ぬことがあるのだろうか。それともそうではないのか。この点について、どう思うか」

修行者たちは答えた。

「世尊よ、生まれによって、老いることと死ぬことがあります。ですから、お尋ねの点についていえば、この世に生を受けることによって、老いることと死ぬことがあると、そのように思います」

〔マッジマ・ニカーヤ〕

⑥　修行者たちよ、眼と、見られる対象とによって眼の認識作用が起こり、これらの三つが結合して感触が起こる。感触によって楽しみの感受作用、あるいは苦しみの感受作用、あるいは楽しみでもなく苦しみでもない感受作用が生ずる。楽しみの感受作用に触発《しょくはつ》されている人は、喜び、よく語り、いつまでもそれに執著《しゅうじゃく》している。だから、かれに貪りの煩《ぼん》悩《のう》がまとわりつく。苦しみの感受作用に触発されている人は、憂《うれ》い、心労《しんろう》し、悲しみ、胸を打って号泣《ごうきゅう》し、迷妄《めいもう》に陥《おちい》る。だから、かれに瞋《いか》りの煩悩がまとわりつく。楽しみでもなく苦しみでもない感受作用に触発されている人は、その感受作用の生起《しょうき》と消滅と快味と過《と》患《が》と捨離《しゃり》とを、ありのままにさとることがない。だから、かれに無知の煩悩がまとわりつく。

修行者たちよ、かれはじつに、楽しみの感受作用による貪りの煩悩を捨てず、苦しみの感受作用による瞋りの煩悩を除かず、楽しみでもなく苦しみでもない感受作用による無知の煩悩を根絶せず、無知を捨てず、明知を起こさないから、「現在において、苦しみを終らせることがあろう」ということは、道理に合わない。

〔マッジマ・ニカーヤ〕

⑦　流転輪廻《るてんりんね》しているすべての迷いの世界の実態は、偽《いつわ》りのものであり、〈妄心《もうしん》〉によって作られたものに外ならない。したがって、もし〈妄心〉を完全に離れることができたならば、迷いの心に映し出されたすべての世界は、何一つとして実在するものではないことが明らかになるであろう。

それはどういう意味なのであろうか。あらゆる世間の諸事象は、ことごとく〈妄心〉によって生起している。心から独立した世界が、あたかも主観に対する客観の世界のように存在すると考えるのは、真理が平等一味、無差別であることを認識し得ない人びとの妄念《もうねん》によるのであって、われわれにおける一切の分別は、みずからがみずからの心を分別していることに外ならない。したがって、人びとが妄念を離れることによって、自心が自心を分別するということがなくなれば、そこには迷いの心の相《すがた》として、何一つ実在するものがないということが明らかになるであろう。

世間における一切の迷いの生存は、もとをただせば、真理が平等一味、無差別であることを認識し得ない無知と、その無知によって惹《ひ》き起こされた〈妄心〉によって存在し、そして存続せしめられているのである。あたかも鏡の面に映っている影像が、あくまでも幻の仮《かり》の像にすぎず、そこになんらの実体も見出すことができないように、世間における一切の迷いの生存は、ただ妄念によって現わされている偽りの相にすぎない。すなわち、妄念が起ることによって世間における種々の迷いの生存が起こり、妄念が滅することによって種々の迷いの生存はおのずから滅する。

〔大乗起信論《だいじょうきしんろん》〕

3　理想を求めて

(1)　自己を知る

①　世尊が尋ねられた。
「修行者たちよ、このことをどう考えるか。いろ・かたちあるものは、常住であるか、無常であるか」

修行者たちは答えた。

「世尊よ、無常です」

「では、無常のものは、苦であるか、それとも楽であるか」

「世尊よ、苦です」

「では、無常であり、苦であり、変化していくものを、〃これはわたしのものである。これはわたしである。これはわたしの自我である〃といって、はっきり把握できるかどうか」

「世尊よ、できません」

〔マッジマ・ニカーヤ〕

②

ミリンダ王は問う。

「尊者ナーガセーナよ、知っていながら悪い行ないをする者と、知らないで悪い行ないをする者とでは、どちらが禍《わざわ》いが大きいですか」

ナーガセーナ長老は答える。

「大王よ、知らないで悪い行ないをする者の方が、禍いが大きいです」

「それでは、尊者ナーガセーナよ、われわれの王子または大官《だいかん》が、知らないで悪い行ないをしたならば、われわれはそれに二倍の罰を加えよう」

「大王よ、あなたはどうお考えになりますか。灼熱《しゃくねつ》し、燃焼し、炎熱し、炎上した鉄《てつ》丸《がん》を、一人が知らないで摑《つか》み、一人が知って摑むならば、いずれがひどく火傷《やけど》をするでしょうか」

「尊者よ、知らないで摑む人の方が、ひどく火傷をします」

「大王よ、それと同様に、知らないで悪い行ないをする人の方が、禍いが大きいのです」

「もっともです、尊者ナーガセーナよ」

〔ミリンダ王の問い〕

③　世尊はこのように説かれた。
「修行者たちよ、もしも修行者が、他人の心を知ることに巧《たく》みでないならば、まず〝自己の心を知ることに巧みとなろう〟と、そのように学ぶべきである」
〔アングッタラ・ニカーヤ〕

④　幸《しあわ》せは自分で作る。不幸《ふしあわ》せも自分で作る。幸せも不幸せも、まったく他人の仕業《しわざ》ではない。
〔ジャータカ〕

(2)　内に求める

①　肉親のすべてを失ったわたしは、その時、痩《や》せ青ざめ、孤独《こどく》であり、心も賤《いや》しく、あちらこちらをさまよううちに、人びとの御者《ぎょしゃ》（ブッダ）にまみえた。
そこで、偉大な師（ブッダ）はわたしにいわれた。

「婦人よ、憂い悲しむな。そなたの自己を求めよ。何を悲しんでいるのか。子供たちはそなたの守りとはならず、父母も親戚《しんせき》もそうである。死魔《しま》に捕《とら》えられた

ものを、親戚とて救うことはできないのだ」〔アパダーナ〕

② 法身《ほっしん》はどこにあるのか。遠くにあるのではなくて、自己自身である。智慧《ちえ》の本体とは何か。それは自己の心であって、はなはだ近くにあるのだ。〔性霊集《しょうりょうしゅう》〕

③ 質問する。
「もしも無礙光如来《むげこうにょらい》の光明《こうみょう》が無量であって、十方の国土を照らす時、妨げのあるところはないというなら、この世の生けるものたちは、どうして仏の光明を受けないことがあろうか。光明の照らさないところがあるというなら、光明自体に妨げがあるのではないか」

答える。

「妨げがあるとするなら、それは生けるものたちの側にあって、光明自体に妨げがあるのではない。たとえば、密雲が激しく雨を降らしても岩石にしみとおらないようなものである。それは、雨が万物をうるおさないということではないのだ」〔浄土論註《じょうどろんちゅう》〕

④ 仏道を学ぼうとする人は、自己本位の見解に執われてはならない。たとい会得《えとく》すると

ころがあったとしても、「それは、もしかしたら、きっとよくない会得ではなかったか」と思い、また「これ以上によい会得の意味も、外にあったのではないか」と思って、勝《すぐ》れた指導者を広く訪ね、かつ先輩の言葉も尋ねて、問いたださなくてはいけない。しかし、先輩の言葉であっても、その言葉に固執《こしゅう》するということがあってはならない。「もしかして、先輩の言葉でも悪いことがあるのではないか」といって、その言葉を信ずるにつけても、そのように思うこともあろう。自己の立場に限定しないで、次々と勝れたことがあったら、それに随《したが》ってついていかなくてはならない。

〔正法眼蔵随聞記〕

(3) われの真実

① どうして、世の中の人はこれほどまでに迷ってしまったのだろうか。自分の手足を動かし、喋《しゃべ》らせるところの自身の主体があるに違いないと思っても、事実、何もないのだ。

〔至道無難禅師法語《しどうぶなんぜんじほうご》〕

② 世尊はこのように説かれた。

「バラモンよ、たとえば人がいて、心材を得ようと思い、心材を求め、心材を探して歩き回り、心材を有して立っている大樹のところまでゆきながら、その心材を見すごし、外皮を見すごし、内皮を見すごし、若芽を見すごし、ただ枝葉のみを截《き》り取って、〝これが心材である〟と考えて、もち帰るとしよう。しかし、智慧の眼をもつ人は、かれを見て、次のようにいうであろう。

〝友よ、じつに、この人は、心材を知らず、外皮を知らず、内皮を知らず、若芽を知らず、枝葉を知らない。心材を得ようと思い、心材を求め、心材を探して歩き回り、心材を有して立っている大樹のところまでゆきながら、その心材を見すごし、外皮を見すごし、内皮を見すごし、若芽を見すごし、ただ枝葉のみを截り取って、「これが心材である」と考えて、もち帰った。しかしながら、そのような心材が心材として使われても、なんらかれの利益とならないであろう〟」

〔マッジマ・ニカーヤ〕

③　われはどこにもなく、だれのものでもなく、なにものの中にもない。また、わがものは、どこにもなく、なにものの中にもなく、なにものも存在しない。〔マッジマ・ニカーヤ〕

④　およそ、執著が執著するところの手段と、執著と執著の対象とがどのようなものであ

っても、すべてこれらは、空《くう》である。そのようなわけで、執著は実体として存在しない。邪《じゃ》にしても、あるいは正《せい》にしてもそこに執著は認められないから、だれに邪なるものを正と見誤るなどの顛倒《てんどう》があるのか。またどれに、非顛倒があるのか。顛倒した者には再び顛倒は生じない。また、顛倒しない者にも顛倒は生じない。顛倒しつつある者にも顛倒は生じない。汝みずから明らかに観察せよ。だれに顛倒が生ずるかを。

〔中《ちゅう》論《ろん》頌《じゅ》〕

⑤　だれでも人には、父から受けるのでも祖先から受けるのでもなく、仏から嗣《つ》ぐのでもなく祖師《そし》から嗣ぐのでもないところの種姓《しゅしょう》がある。これを〈仏性《ぶっしょう》〉という。そもそも、学問に参じ仏道を学ぶ本来《ほんらい》の主旨《しゅし》は〈仏性〉の根本に達し、心の本性を開明するためである。もしその根本に至らなければ、いたずらに生まれ、いたずらに死に、自己に迷い、他人に迷うことになる。いわゆる本性としての〈仏性〉とは、汝らが迷いの生死《しょうじ》をくり返して、それぞれの生存において種々の身体を受けたとしても、瞬時も絶えることなく、明らかな智慧を具えているということをいうのである。

〔伝《でん》光《こう》録《ろく》〕

⑥　輪廻の生存を続けさせる迷いの煩悩を断ずることによって、解脱《げだつ》を得る。また、真理体得の智慧を覆《おお》ってさとりを妨げる煩悩を断ずることによって、さとり（菩提《ぼだい》）を得る。

⑦　この心は平等である。あらゆるものを受け容れて、しかも妨げるところがない。この身は平等である。四大元素を集めて、しかも隔《へだ》てるところがない。正しい知見で観察し、正しい思念で考察すれば、平等の理が顕《あき》らかに知られ、それがそのまま不瞋恚戒《ふしんにかい》（怒るまいとの戒め）の精神を示している。

存在の本質も、そのとおりである。一切の自然・国土の世界も、またそこに住む一切の生けるものの世界も、そのとおりである。よく知るがよい。同類の者はたがいに集合して生まれていても、各自その名前さえ知らない。異類の者はたがいに対立し合って、それぞれ自分のやってきた本源を知らないのだ。そもそも、生けるものたちは因縁《いんねん》によって出会う。異類の者といえども自己のためになる存在である。因縁が尽《つ》きて離散すれば、肉体も黄土《こうど》と化す。正しい知見で観察し、正しい思念で考察すれば、平等の理が顕らかに知られ、それがそのまま不瞋恚戒の精神を示している。

この世界は平等である。山川草木《さんせんそうもく》、みな自己の心中にある真理への門である。飛花落葉《ひけらくよう》、ことごとく自己の迷いの心を解きほぐす道場である。清風明月《せいふうめいげつ》も、自己とともに善を修し悪を止める友である。

〔成唯識論《じょうゆいしきろん》〕

およそ、平等の本性として、かれに是《ぜ》なくこれに非《ひ》なく、これに愛《あい》なくかれに憎《ぞう》なくして、是・非とか愛・憎を超えている。正しい知見で観察し、正しい思念で考察すれば、平等の理が顕著に知られ、それがそのまま不瞋恚戒の精神を示している。

〔十善法語〕

(4)　執われを離れて

① 仏道を学ぶにあたって、まさに自己中心的な我《が》を離れなくてはならない。たとい千万巻の経論を学ぶことができても、この我に執著することを離れなかったら、ついには悪魔の坑《あな》に落ちるであろう。

〔正法眼蔵随聞記〕

② もしなんらかの煩悩が、本性《ほんしょう》として実在し、だれかに所属しているとすれば、人はいかにしてその煩悩を捨てることができよう。だれが煩悩の本性を捨てることができよう。また、もしなんらかの煩悩が、本性として実在せず、だれかに属していないとすれば、人はいかにしてその煩悩を捨てることができよう。だれが実在しないものを捨てることができよう。

〔中　論　頌〕

③　人は、あらゆるものにおいて、無心であるべきだ。その時、道はおのずからその人に現われる。
〔十明論《じゅうみょうろん》〕

④　〈五つの構成要素の集合〉として、仮《かり》に現われている個体であるのに、そのものを実在と思い、〝自我《じが》があり、人があり、生けるものたちがあり、寿命をもつ者がある〟などといって、誤った見解を抱く。だから、正しい教えを体得したら、それに固執すべきではなく、誤った見解にも執われるべきではない。

こういうわけで、如来《にょらい》は常にこのように説かれている。

「修行者たちよ、わたしの説法を筏《いかだ》のたとえのようであると知る者は、あたかも向岸《むこうぎし》に渡るための筏が、人を渡し終ったら、捨て置かれてしまうように、正しい教えを体得し終ったら、それを捨てるべきである。まして、誤った見解を捨てるのは当然のことである」
〔金《こん》剛《ごう》経《きょう》〕

(5)　平安に住する

①　ナーガセーナ長老はミリンダ王にこのように語った。

「大王よ、寂静《じゃくじょう》、安楽《あんらく》、浄妙《じょうみょう》であるこの涅槃《ねはん》の世界は存在し、正しく実践する者は、勝者（ブッダ）の教えによって、もろもろの形成されたものを把握しつつ、智慧によって涅槃を実証するのです。

大王よ、たとえば、弟子が師の教えによって、学問を智慧によって実証するごとく、大王よ、それと同様に、正しく実践する者は、勝者の教えにより、智慧によって涅槃を実証します。〝ではまた、涅槃は、いかにして見られるべきであるか〟とあなたが問うならば、涅槃は災いが止み、危険はなく、恐れもなく、安穏《あんのん》にして、寂静、安楽、歓喜《かんぎ》、絶妙《ぜつみょう》、清浄《しょうじょう》、清冽《せいれつ》であると見るべきです。

大王よ、たとえば、ある男がいて、多くの薪《まき》が積み上げられて、炎々と燃える火に焼かれつつある時、努力してそれから逃《のが》れ、火のない場所に入って、そこで最上の安楽を得るように、大王よ、それと同様に、正しく実践する者は正しい注意努力によって、〈三種の火熱《かねつ》〉を離れた最上の安楽である涅槃を実証します。大王よ、〈三種の火熱〉は、あたかも火のように見られるべきであり、正しく実践する者は、あたかも火のない場所のように中に入った男のように見られるべきであり、涅槃は、あたかも火のない場所のように見られるべきです」

〔ミリンダ王の問い〕

②　もし人が生死《しょうじ》の外に、仏を求めようとするならば、それはあたかも、北に向って車を引きながら南にいこうとし、顔面を南に向けて北斗星《ほくとせい》を見ようとするようなものである。それは、ますますもって、生死をくり返す原因を増すばかりでなく、まったく解脱への道を失うことになる。ただ〝生死がそのまま涅槃である〟との道理を心得て、生死とて厭うべきものでもなく、涅槃とて願い求めるべきものでもないとさとったならば、その時初めて、生死を離れる道が開けてくる。〔正法眼蔵《しょうぼうげんぞう》〕

③　春には百花が咲き、秋には明月がある。夏には涼風、冬には雪がある。もしも無駄なことに心を煩《わずら》わすことがなければ、これが人間にとって好ましい時節である。〔無門関《むもんかん》〕

④　〈学ぶべき規律〉を守ろうと思う人は、努力して心を護らなければならない。動きやすい心を護らないならば、学処《がくしょ》を守ることができない。

発情した野生の象が、この世で引き起こす災厄《さいやく》は、ほしいままに振舞う心の象が、無間《むけん》地獄に堕《お》ちて引き起こす災厄に比べれば、はるかに及ばない。

しかし、心の象が、仏の教えに帰依《きえ》する憶念《おくねん》の縄《なわ》ですっかり縛られれば、一切の危難は去り、すべての安らぎが得られる。〔入菩提行論〕

(6) 正しく語る

①

世尊はこのように説かれた。

「修行者たちよ、これら三種の人びとが、現にこの世の中に存在する。三種とは何か。汚物《おぶつ》のような言葉を語る人と花のような言葉を語る人と蜜《みつ》のような言葉を語る人である。

修行者たちよ、どのような人が汚物のような言葉を語る人であるか。修行者たちよ、世の中に、ある種の人がいて、公《おおやけ》の集会において、あるいは大衆の中で、あるいは身内の者たちの中で、あるいは組合の中で、あるいは法廷において、証人として召喚《しょうかん》されて、〝さあ、あなたは自分の知っていることを述べなさい〟と問われると、かれは知らないことを〝知っている〟といい、知っていることを〝知らない〟といい、見ていないことを〝見ている〟といい、あるいは見ていることを〝見ていない〟と答える。このように、自分のため、他人のため、あるいはわずかばかりの利益のために、それと知りつつ虚偽《こぎ》を語る。修行者たちよ、これが汚物のような言葉を語る人といわれる。

また、修行者たちよ、どのような人が花のような言葉を語る人であるか。修行者たちよ、世の中に、ある種の人がいて、公の集会において、あるいは大衆の中で、あるいは身内の者たちの中で、あるいは組合の中で、あるいは法廷において、証人として召喚されて、〝さあ、あなたは自分の知っていることを述べなさい〟と問われると、かれは知らないことを〝知らない〟といい、知っていることを〝知っている〟といい、見ていないことを〝見ていない〟といい、見ていることを〝見ている〟と答える。このように、自分のため、他人のため、あるいはわずかばかりの利益のため、それと知りつつ虚偽を語るということがない。修行者たちよ、これが花のような言葉を語る人といわれる。

また、修行者たちよ、どのような人が蜜のような言葉を語る人であるか。修行者たちよ、世の中に、ある種の人がいて、悪口をやめ、悪口を避けている。かれがいかなる言葉を語っても、誤りがなく、聞いて楽しく、ほれぼれとし、心に響き、上品で、多くの人たちが好み、多くの人たちが受け容れる、そのような言葉を語る。修行者たちよ、これが蜜のような言葉を語る人といわれる。

修行者たちよ、これら三種の人びとが、現にこの世の中に存在する」

〔アングッタラ・ニカーヤ〕

②　五つの要素を完備した言葉は、善い言葉であり、悪い言葉とならず、誤りなく、智者に非難されないものとなる。
何が五つであるか。語るにふさわしい時に語られ、事実が語られ、柔和《にゅうわ》に語られ、ためになることが語られ、慈悲心によって語られる言葉である。修行者たちよ、この五つの要素を完備した言葉は、善い言葉であり、悪い言葉とならず、誤りなく、智者に非難されないものとなる。

〔アングッタラ・ニカーヤ〕

③　他人の過失について語る人は、わが身に徳のない者である。

〔明恵上人遺訓《みょうえしょうにんいくん》〕

(7)　清らかな行ない

①　もしも自分の勝れたことだけをいい立て、他人の立派な行ないを隠して、その人に世間の誹《そし》りを受けさせることになるならば、求道者《ぐどうしゃ》にとって、これは教団追放罪に相当する。

〔梵《ぼん》網《もう》経《きょう》〕

②　教えどおりに実践する者は、仏法を体得することができる。ただ口先だけで、実践の

伴わない者は、仏法を体得することができない。〔華厳経〕

③　もしも自分の心が愛着に傾き、あるいは憎悪に傾くのを知ったならば、その時は、行動に移るべきでなく、言葉を口にすべきでなく、森のように平静な態度をとるべきである。

もしも心がそわそわとし、他人を嘲笑《ちょうしょう》し、傲慢《ごうまん》と執著《しゅうじゃく》を伴い、きわめて残忍となり、邪《よこしま》となり、狡猾《こうかつ》となり、自慢に傾き、他人の欠点をあげつらい、軽蔑し、論争に陥《おちい》ろうとするならば、その時は、森のように平静な態度をとるべきである。〔入菩提行論〕

④　舎利弗《しゃりほつ》はこのように語った。

「尊師たちよ、悪とはいかなるものであり、悪の根源とはいかなるものであり、善とはいかなるものであり、善の根源とはいかなるものであろうか。

尊師たちよ、生物を害すること、与えられていないものを取ること、男女の邪な交わりにふけること、うそ、二枚舌、悪口、おべっか、物惜しみ、怒り、邪な見解、これらが悪であるといわれる。

尊師たちよ、悪の根源とはいかなるものであろうか。貪りと怒りと迷妄と、これらが悪の根源であるといわれる。

尊師たちよ、善とはいかなるものであろうか。生物を害することから離れること、与えられていないものを取らないこと、男女の邪な交わりにふけらないこと、うそをつくことを離れること、二枚舌を使わないこと、悪口をいうことから離れること、おべっかを使わないこと、物惜しみをしないこと、怒らないこと、正しい見解、これらが善であるといわれる。

尊師たちよ、善の根源とはいかなるものであろうか。貪らないこと、怒らないこと、迷妄でないこと、これらが善の根源であるといわれる」〔マッジマ・ニカーヤ〕

⑤ 過《あやま》ちを過ちとして認め、法に従って謝罪し、将来、決して過ちを犯さないならば、聖者の戒律においてかれは栄える。〔マッジマ・ニカーヤ〕

4　理想に生きる

(1)　理想に向かう決意

①
世尊はこのように説かれた。
「修行者たちよ、たとえば、このジャンブディーパ（全インド）において、楽しき園、楽しき森、楽しき地、楽しき蓮池は少ないけれども、これに比べて、高地、低地、渡りにくい河、切株やいばらのある場所、険しい山はより多い。修行者たちよ、まさにそのように、陸の生物は少なく、水生の生物はより多い。修行者たちよ、まさにそのように、人間に再生するものは少ないけれども、人間以外の地獄などの世界に再生するものはより多い。

修行者たちよ、まさにそのように、人格完成者（如来）にまみえることのできる人は少ないが、人格完成者にまみえることのできない人はより多い。

修行者たちよ、まさにそのように、人格完成者の説かれた教えを聞くことのできる人は少ないが、人格完成者の説かれた教えを聞くことのできない人はより多い。

修行者たちよ、まさにそのように、教えを聞いて、それを実行する人は少ないが、教えを聞いて、それを実行しない人はより多い。

修行者たちよ、まさにそのように、実行している教えの意義を観察する人は少ないが、実行している教えの意義を観察しない人はより多い。

修行者たちよ、まさにそのように、意義を理解し、教えを理解して、教えどおりに実行する人は少ないが、意義を理解せず、教えを理解せず、教えどおりに実行しない人はより多い」〔アングッタラ・ニカーヤ〕

② もしなすべきものであるなら、これをなし、断乎《だんこ》としてこれをやりぬけ。ずぼらな出家者はかえって欲塵《よくじん》を蒔《ま》き散らす。〔ダンマパダ〕

③ 今日は幸福に過ごせたとしても、明日もまたそうであろうと思ってはならない。死の際《きわ》に立っていて、死の危険がせまっていることは、脚下《あしもと》に見えている。〔正法眼蔵随聞記〕

④　昔の人といっても、かれらが黄金のような骨をしていたわけではなく、釈尊在世の時代の人びとがみな勝れた性質をもっていたわけではない。大乗や小乗の戒律が制定されたいきさつからしても、また戒律を厳しく守る修行者たちのことを考えても、修行者の中には思いも及ばぬ不当な心を発《おこ》す者がいたのである。しかし、そのような者であっても、後にはみな仏道を体得して阿羅漢《あらかん》という最高位の聖者となったといわれる。だから、たとい、われわれは賤《いや》しくてつまらぬ者であるといっても、「仏道に向けて発心《ほっしん》して修行さえすれば、必ず仏道を体得することができるであろう」と知って、発心するばかりである。

〔正法眼蔵随聞記〕

⑤　速やかに生死流転《しょうじるてん》のもととなる名誉欲を捨てて、仏や祖師たちの正しい勤《つと》めを求めるべきである。貪愛《とんあい》の心を発して動物と同様になってはならない。自我《じが》を貪り愛することは、動物にも同じ思いがあり、また畜生にもその心がある。名誉心や自利心を捨てることは、神々や人間においてはまれなことである。祖師たちにおいては、これを捨てない人はだれもいない。

〔正法眼蔵〕

(2) 中道を歩む

①
世尊はこのように説かれた。

「カッチャーヤナよ、〝あらゆるものは存在する〟と考えることは、一つの極端説である。また、〝あらゆるものは存在しない〟と考えることも、もう一つの極端説である。カッチャーヤナよ、人格完成者（如来）は、この二つの極端説を離れて、〈中道《ちゅうどう》〉によって真理の教えを説く」

〈サンユッタ・ニカーヤ〉

②
道の人たちよ、出家者が近づいてはならない二つの極端説がある。その二つとは何か。一つは、もろもろの欲望に楽しみふけることは、下劣《げれつ》で卑《いや》しく、凡夫《ぼんぷ》の行ないであり、聖ならざるものであり、ためにならぬものであるという説。他の一つは、自己の煩労《はんろう》に専念することは、苦であり、聖ならざるものであり、ためにならぬものであるという説。

道の人たちよ、人格完成者はこの両極端を捨てて、〈中道〉を現にさとったのである。それは智慧の眼を生じ、叡知《えいち》を生じ、寂静・証知・正覚《しょうがく》・涅槃に役立つものである。

道の人たちよ、いかにして人格完成者は、かの〈中道〉を現にさとり、それが智慧の眼を生じ、叡知を生じ、寂静・証知・正覚・涅槃に役立つとするのか。それは、〈八つの支《し》分《ぶん》よりなる聖なる道〉のことである。すなわち、正しい見解（正見《しょうけん》）・正しい思惟《し》（正思《しょう》惟《ゆい》）・正しい言葉（正語《しょうご》）・正しい行為（正業《しょうごう》）・正しい生活（正命《しょうみょう》）・正しい努力（正精進《しょうしょうじん》）・正しい思念（正念《しょうねん》）・正しい心統一（正定《しょうじょう》）である。〔律　蔵〕

③　滅することなく、生ずることなく、断絶にあらず、常住にあらず、同一のものでなく、別異のものでなく、来ることなく、去ることなき、意識のひろがりがすっかり止滅して吉《きち》祥《じょう》である〈縁起《えんぎ》〉を説かれたところの、さとれる人ブッダ・説法者の中の最上者に、わたしは敬礼する。〔中 論 頌〕

(3)　八つの道

①　〈苦しみの止滅《しめつ》に導く道である聖なる真実〉とは、何であるか。それは、〈八つの支分よりなる聖なる道〉である。すなわち、正しい見解・正しい思惟・正しい言葉・正しい行為・正しい生活・正しい努力・正しい思念・正しい心統一である。

そのうち、(1)〈正しい見解〉とは何であるか。苦しみのすがたを知り、苦しみの原因を知り、苦しみの止滅を知り、苦しみの止滅に導く道を知ること。これが正しい見解といわれる。

次に、(2)〈正しい思惟〉とは何であるか。煩《わずら》いから離れることを思惟し、腹を立てないことを思惟し、生きものを害しないことを思惟すること、これが正しい思惟といわれる。

次に、(3)〈正しい言葉〉とは何であるか。嘘言を離れ、二枚舌を離れ、悪口を離れ、おべっかを離れること、これが正しい言葉といわれる。

次に、(4)〈正しい行為〉とは何であるか。殺生《せっしょう》を離れ、与えられないものを取ることを離れ、愛欲における邪《よこしま》な行ないを離れること、これが正しい行為といわれる。

次に、(5)〈正しい生活〉とは何であるか。聖なる弟子は、この世で邪な生活を捨てて、正しい生活によって生活を営むこと、これが正しい生活といわれる。

次に、(6)〈正しい努力〉とは何であるか。修行者は、ここでまだ生じていない悪心が生じないように意志を発して、努力し、精励《せいれい》し、心を引き締め、心を励ます。すでに生じた悪心を捨てるために、……乃至《ないし》……まだ生じていない善心を生ずるために、……乃至……まだ生じていない善心を把握し、忘失せず、より多くし、より大きくし、完全なものにするために意志を発して、努力し、精励し、心を引き締め、心を励ます。これが正しい努力といわれる。

次に、(7)〈正しい思念〉とは何であるか。修行者は、ここで身体について身体の観察に専念して、熱心に励み、正しく知り、正しく思念する者となって、世間における貪欲《とんよく》と憂《うれ》いを鎮《しず》めるであろう。もろもろの感受作用について、……乃至……心について、……乃至……もろもろの事象について、それらの観察に専念し、熱心に励み、正しく知り、正しく思念する者となって、世間における貪欲と憂いを鎮めるであろう。これが正しい思念といわれる。

次に、(8)〈正しい心統一〉とは何であるか。修行者は、ここでもろもろの愛欲を離れ、もろもろの悪心を離れ、考察と省察の二作用があるだけで、煩いの遠離《おんり》によって生じた喜悦と安楽のある初禅《しょぜん》を完成して、その境地に安住する。ついで、考察と省察の二作用を止息するから、内的に浄められ、心は専一性のものとなり、考察と省察の二作用がなく、心統一により生じた喜悦と安楽のある第二禅を完成して、その境地に安住する。ついで、喜悦を離れるから、平静な心に安住し、正しく思念し、正しく知る者となって、安楽を身に感受する。聖者たちが「かれは平静な心にして、正しい思念をもち、安楽に安住している」と説くところの、第三禅を完成して、その境地に安住する。ついで、安楽を捨て、また苦を捨てたことによって、かつまた以前に喜びと憂いがなくなっていることによって、かれは、不苦《ふく》・不楽《ふらく》にして、平静な心による思念の清浄である第四禅を完成して、その境地に安住する。これが正しい心統一といわれる。

以上が、〈苦しみの止滅に導く道である聖なる真実〉といわれる。

〔無礙解道《むげげどう》〕

(4) 慢心を離れる

① 大人の大人たるゆえんは、意気揚々たるところにあるのではなくて、性格が温良《おんりょう》であるところに存する。

愚かな者は、身を慎《つつし》むことを窮屈《きゅうくつ》であると思い、また怠惰《たいだ》は安楽であると思っているが、実はそういうものではない。本当の安楽は、身を慎み誠実であるところにあるのであって、怠惰にあるのではない。

愚かな者は、身を慎み誠実であれば、一見してとりえのない者のように思われ、それに反して、高慢《こうまん》で大胆なところがあれば、才能があるかのように思われるが、じつはそういうものではない。本当の広く豊かな心というものは、身を慎み誠実である人の上にあって、高慢で大胆に振舞う人の上にはない。

〔十善法語〕

② ジューンタ長老は語った。

「自分が勝れているという慢心《まんしん》と、自分より他人が劣《おと》っているという慢心とを二つながら捨て、そしてよく取り除いた。〃われあり〃という慢心も断たれ、あらゆる類《たぐい》の慢心は滅ぼされた」
〔テーラ・ガーター〕

(5)　己れに打ち勝つ

①

世尊はこのように説かれた。

「修行者たちよ、生けるものたちには、身体による悪行、言葉による悪行、心による悪行がある。その状態をしばしば省察する者には、一切の悪行は捨てられ、あるいは弱まる。修行者たちよ、じつにこの道理によって、〃わたしは、みずからなすところの行為の所有者であり、行為の相続者であり、行為を母胎とする者であり、行為の縁者であり、行為を帰依所とする者であり、またわたしは、善であれ悪であれ、その行為の相続者に違いない〃と知って、女性であれ男性であれ、あるいは在家《ざいけ》信者であれ出家者であれ、このことをしばしば省察すべきである。

そのようなわけで、修行者たちよ、聖なる弟子はこのように考察する――〃じつに、わたし一人だけが老いるべきものであり、まだ老いを超えていないものではないのだ。

じつに、輪廻《りんね》の生存に往来するすべての生けるものたちもまた、老いるべきものであり、老いを超えていないものである〟と。その状態をしばしば考察するかれに、さとりへの道が生ずる。かれはその道を習い、修《おさ》め、くり返し修める。その道を習い、修め、くり返し修めたかれに、束縛は捨てられ、煩悩は遠ざかる。

……〝じつに、わたし一人だけが病《や》むべきものであり、まだ病《やまい》を超えていないものではないのだ。じつに、輪廻の生存に往来するすべての生けるものたちもまた、病むべきものであり、病を超えていないものである〟と。その状態をしばしば省察するかれに、道が生ずる。かれはその道を習い、修め、くり返し修める。その道を習い、修め、くり返し修めたかれに、束縛は捨てられ、煩悩は遠ざかる」

〔アングッタラ・ニカーヤ〕

② 過ぎたことを嘆《なげ》かず、これから先のことを望まない。わたしは現在に生きるのだ。だから、顔立ちは生き生きとしている。

これから先のことを望み、過ぎたことを嘆くところの無知の者どもは、刈られた緑の葦《あし》のように萎《しな》びてしまう。

〔サンユッタ・ニカーヤ〕

③　修行者たちよ、わたしは二つのことに通達《つうだつ》している。その一つは善きことがらの体得において満足してしまわないこと、他の一つは不退転《ふたいてん》の努力をすることである。

修行者たちよ、わたしは決して退くことなく、「むしろ、わが皮膚と筋肉と骨は干乾《ひから》びるがよい。身体の血肉は涸《かわ》き尽くすがよい。どんなものでも、丈夫《じょうぶ》の努力と丈夫の精進《しょうじん》と丈夫の勇気によって得られるものが得られないうちは、わたしの精進のやむはずがない」と誓って、わたしは退転することなく努力した。修行者たちよ、そのようなわたしに、不放《ふほう》逸《いつ》によって智慧が体得され、不放逸によってこの上ない平安が体得されたのだ。

修行者たちよ、そなたたちもまた、「むしろ、わが皮膚と筋肉と骨は干乾びるがよい。身体の血肉は涸き尽くすがよい。どんなものでも、丈夫の努力と丈夫の精進と丈夫の勇気によって得られるものが得られないうちは、わたしの精進のやむはずがない」と誓って、退転することなく努力せよ。修行者たちよ、そなたたちも、やがて、良家の青年たちが目的としたように、正しく家を捨てて出家生活に入り、この上ない清らかな修行を積んだ結果、この世においてみずからさとりを完成して、安住するであろう。〔アングッタラ・ニカーヤ〕

④　求道者不軽《ぐどうしゃふきょう》は、仏法を邪に理解した修行僧《しゅぎょうそう》や尼僧《にそう》の集まりの中にあって、次のことを述べた。「わたしは、あなたがたを軽蔑しません。きっと、あなたがたは仏道を実践して、

みな、仏となることができるからです」と。かれらはこの言葉を聞いて、求道者不軽を軽《かろ》んじ、謗《そし》り、罵《ののし》ったけれども、かれはそれによく耐えた。

〔法《ほ》華《け》経《きょう》〕

(6)　自己実現

①　世尊よ、わたし（コーサラ国王パセーナディ）が、わがマッリカー妃と一緒に高殿《たかどの》に上《のぼ》っていた時、マッリカー妃に次のことを質問しました。

「マッリカー妃よ、おまえには、自分よりさらに愛《いと》しい者が他にあるのか」

世尊よ、このように問われたマッリカー妃は、わたしにこう答えました。

「大王よ、わたしは、自分よりさらに愛しい者は他にございません。大王よ、あなたには、自分よりさらに愛しい者が他にあるのですか」

世尊よ、このように問われたわたしは、マッリカー妃にこう答えました。

「マッリカー妃よ、わたしには、自分よりさらに愛しい者は他にない」

そこで、世尊はその意味を知って、その時、次の詩句を説かれた。

愛する人を求めて、あらゆる方面に思いをはせたが、どこにも自分よりさらに愛しい者と巡り会わなかった。このように、他の人びとよりも、自分はさらに愛しい者である。それ故に、愛する者は、他の者を害《そこな》うべきではない。
〔サンユッタ・ニカーヤ〕

② いかなる大事であっても、他人のために尽くして自己の義務を等閑《なおざり》にしてはならない。自己の義務を知り、常に自己の義務に専念すべきである。
〔ダンマパダ〕

③ 自己こそ自己の主《あるじ》である。他のだれがまさに主であろうか。自己をよく制御《せいぎょ》されたならば、その人は得がたい主を得る。
〔ダンマパダ〕

④ 真実を離れて、別にわれわれの生活の場があるのではない。その場その場が真実なのである。どうして、真実をさとる道が遠くにあるといえようか。それぞれのことがらをありのままに知るところに真実がある。どうして、聖なる道が遠くにあるといえようか。その場その場が真実であることを体得すれば、かれは聖者である。
〔肇《じょう》　論《ろん》〕

⑤ じつに、自己は自己の主であり、自己は自己のよるべである。それ故に、人は自己を制御せよ。あたかも良馬を調御するように。
〔ダンマパダ〕

⑥　われわれの生死《しょうじ》（迷いの生存）は、すなわち仏の御命《おんいのち》である。この生死を厭《いと》い捨てようとするならば、すなわち、仏の御命を失うことになる。生死に執著《しゅうじゃく》すれば、これもまた仏の御命を失うことになる。生死は仏の働きを現わし出している。生死を厭うことも慕《した》うこともない状態になった時、初めて仏の心中に入ることができる。

ただし、心で推量したり、言葉で説いたりしてはならない。ただ己《おの》れの身も心も忘れ去って、仏の家に投げ入れると、仏の方から働いてきて、その働きに随ってゆく時、力も入れず心も使うことなく、生死を離れて仏となることができる。だれが生死に思い煩《わずら》うであろうか。

〔正法眼蔵〕

Ⅱ 人間の出会い

1　家庭の理想

(1) 親の願い

① およそ、人の父となった者で、わが子が他人の子に比べて、最も勝れていることを望まない者があろうか。他人の子よりも見聞が広く、理解力があり、よく修行し、礼儀をわきまえ、人倫の道にたがわず、ものごとに精進努力するというようなわが子をもっていれば、親の心は喜びに満たされる。
〔仏本行集経《ぶつほんぎょうじっきょう》〕

② 妙荘厳王《みょうしょうごんおう》は仏に語った。
「この二人の子供は、わたしの善き友である。過去の善い行為を原因として、わたしを救おうという願いをもって、わたしの家に生まれてきたのである」

〔法華経《ほけきょう》〕

③ 貧しい者も困窮している者も、ひたすら子供を慈《いつく》しみ育てる。その親心とは、どうい

うものであろうか。他人はいざ知らず、自分が父となり母となって初めて、まさにその何であるかを知る。

およそ、親という者は、自分自身の貧しいことや富んでいることなどはかえりみず、ただひとえに自分の子供の成長することを願うものである。みずから寒さを厭わず、みずから暑さを厭わず、ひたすら子供を庇護《ひご》し、かばう。これを、切々たる親心の至上なものとする。親心を起こす人はだれでも、そのことを知ることができるし、親心を身につけようと努めている人は、まさにそのことが判るのである。〔永平清規《えいへいしんぎ》〕

④　父母の恩とは何かといえば、父には慈しみの恩があり、母には悲《あわ》れみの恩がある。母の悲れみの恩は、もしもわたしが世に長く住《とど》まり、一劫《ごう》の間説き続けたとしても、説き尽くすことはできない。〔大乗本生心地観経《だいじょうほんじょうしんじかんぎょう》〕

⑤　父母の御恩《ごおん》は、今ここに改めて申すべきことではありませんが、母の御恩については、格別、心の底に染《し》みて尊く思います。飛ぶ鳥がわが子を養い、地を走る獣がわが子にせがまれておりますこと、じつに憐《あわ》れで、目もあてられず、心も消え入りそうに思われます。

それにつけても、母の御恩は忘れがたいものです。胎内に胎児がいる九ヵ月間の母の苦しみといえば、腹は鼓《つづみ》を張ったように張り、頸《くび》は針をさげているようであり、呼吸は吐《は》く以外に入ってくることがないようであり、顔色は枯れ草のようで、臥《ふ》すと腹も裂けるように痛み、坐っても五体は安定しません。このようにして出産が近づけば、腰は破れて切れてしまいそうになり、睡眠はできなくなって、ふらふらして天に昇るかとも思われます。このような敵を産み落としたなら、大地にも踏みつけ、腹をも裂いて捨ててしまいたいであろうものを、そうはせずに、自分の苦しみを耐え忍んで、急いで抱きあげて、血を洗い不浄物をすすいで、胸にしっかりと抱きかかえて、三年の間、ねんごろに養います。母乳を飲むこと、一百八十石三升五合です。この母の乳の値段は、たとい一合であっても、三千大千世界ほどの値段に値いするでしょう。

それなのに、親は十人の子供を養っても、子供は一人の母を養うことがないのです。温かな夫を懐《いだ》いて臥すことはあっても、凍《ひ》えている母の足を温める女房はおりません。

〔刑部左衛門尉女房御返事《ぎょうぶさえもんのじょうにょうぼうごへんじ》〕

(2) 父母を敬う

① この世で母を敬《うやま》うことは楽しく、父を敬うこともまた楽しい。この世で真の出家者で

あることは楽しく、真のバラモン（修行者）であることもまた楽しい。〔ダンマパダ〕

② 老いて朽《く》ち衰《おとろ》えている母や父を養わないで、みずからは豊かに暮す人――これは破滅への門である。〔スッタニパータ〕

③ 父母に仕える時には、両親を完全に護り養って、いついつまでも両親が平安に過ごされるように願うべきである。〔華《け》厳《ごん》経《きょう》〕

④ 父母あるいは師の僧、あるいは三宝《さんぼう》によく仕え、究極の教えをよりどころとして、よく仕えよ。よく仕えること（孝）が戒であり、また悪をみずからなさないこと（制止）と呼ばれる。〔梵《ぼん》網《もう》経《きょう》〕

⑤ 「父母に孝養《こうよう》し」（『観無量寿経』）というのは、これはすべての凡夫が縁《えん》によって生まれるということを明らかにしている。いかなる縁によるのか。あるものはみずからの業力《ごうりき》によって生まれる化生《けしょう》であり、あるものは湿ったものから生まれる湿生《しっしょう》であり、あるものは卵殻《らんかく》から生まれる卵生《らんしょう》であり、あるものは母胎から生まれる胎生《たいしょう》である。これらの〈四

つの生まれ方〉のおのおのに、また〈四つの生まれ方〉がある。このことは広く経典に説かれている。

すべて、あいよって生まれるものだから、父母がある。父母がある以上、子は父母に対して大恩がある。もし父親がいないなら、子を生む因《いん》が欠けることになる。もし母親がいないなら、子の生まれる縁に背《そむ》くだろう。もし父母の二人がいなければ、生を母胎に託す場を失うだろう。必ず父母の縁が具《そな》わって、初めて身を受けることができる。すでに、身体をこの世に受けるためには、自己の業識《ごっしき》（行為によって報われた心の働き）を直接原因とし、父母の精血を間接原因として、これら二つの原因が和合《わごう》するから、この身体があるのである。その意味において父母の恩は重い。

母は母胎に子を宿すこと十ヵ月、その間、母は四六時中、常に苦悩を生じ、出産の時には、死ぬほどの苦痛に悩む。誕生から三年経つまで、子は常に屎尿《しにょう》の中に寝ており、寝具や衣服はみな不浄である。その子が成長するにつれて、妻を愛し、わが子に親しんで、父母に対してはかえって憎しみや嫉《ねた》みの心を起こし、恩に報いて孝養を尽くすということがないならば、畜生《ちくしょう》となんら異なるところがない。父母は世間における福田《ふくでん》（福徳を生み出す田畑）の最たるものであり、仏は出世間における福田の最たるものである。〔観《かん》経《ぎょう》疏《しょ》〕

⑥　すべての生きとし生けるものは、生まれ変わり死に変わりして、父母となり兄弟となってきているから、父母といってもこの世の父母だけに限らない。だから、次の世には仏となって、迷いの生存をくり返しているかれらを救うべきである。

〔歎《たん》異《に》抄《しょう》〕

(3)　平和な家庭

①　求道者《ぐどうしゃ》は、家においては、妻子とともにいるけれども、しばらくも、さとりへの心を離れず、あらゆる智慧の境界《きょうがい》を心に思い浮かべ、みずからさとりに向かい、他の人びとをも、そこへいざなう。

求道者は、素直で、平等の心をもち、さまざまな姿をとって、妻子・一族の前に現われ、てだてをめぐらして、すべての人びとに究極の解脱《げだつ》を得させ、かれらと同居しているけれども、心に執著《しゅうじゃく》するところがない。

また、求道者は、大悲《だいひ》の心によって家の中で振舞い、大慈《だいじ》の心によって妻子に従っていても、それは、清らかな道においてなんらの妨《さまた》げとならない。

〔華　厳　経〕

②　妻と夫が、ともに五つの戒《いまし》めを守らず、物惜しみし、悪口をいう。かれらは、ともに

生ける屍《しかばね》として、一緒に住んでいる。

夫は、戒めを守らず、物惜しみし、悪口をいう。けれども、妻は戒めを守り、寛大で、物惜しみしない。彼女こそ天女であり、屍の夫と一緒に住んでいる。

夫は、戒めを守り、寛大で、物惜しみしない。けれども、妻は戒めを守らず、物惜しみし、悪口をいう。彼女こそ屍であり、神なる夫と一緒に住んでいる。

妻と夫が、ともに浄らかな信心をもち、自制心があり、寛大で、法にかなった生活をしている。かれらは、たがいに愛の言葉を交わす。

かれらは種々の利益《りやく》を得、かれらには安楽が生ずる。二人がともに戒めを守っていると、敵意のある者は不安を抱く。

この世において、二人はともに戒めと務めを守り、真理の教えを実践して、来世《らいせ》に至って天界《てんがい》で喜び、すべての願いを満たして喜ぶ。

〔アングッタラ・ニカーヤ〕

③　自分の妻に満足せず、遊女と交わり、他人の妻と交わる。――これは破滅への門である。

〔スッタニパータ〕

④　放逸《ほういつ》で他人の妻を追う人は、次の四つのことに遭遇する。すなわち、第一に罪業《ざいごう》を得

ること、第二に安眠できないこと、第三に非難、第四に地獄である。〔ダンマパダ〕

⑤　邪《よこしま》な男女関係をもつ者は、家庭の平和を乱す。すなわち、夫婦はしばしば争い、そのたびごとに金銭や財産を消費してしまう。このことは国法に背き、役人の罰するところであって、体刑の処分を受け、場合によっては死に至ることもある。そのような者は、自分で自分を欺《あざむ》き、常に人を恐れている。〔十善法語《じゅうぜんほうご》〕

⑥　多情な女たちには、いかなる守護者もいない。彼女たちは人を突き落す断崖のようなものだからである。放逸な人はそのような女たちと交わって不幸を得る。〔ジャータカ〕

⑦　女神は目連《もくれん》の問いに答えていった。
「わたしは人間の中において、人の身を受けていた時、他心のない貞淑《ていしゅく》な妻でした。母と子を養い護り、たとい怒った時でも、乱暴な言葉を使いませんでした。

真理を尊《とうと》び、偽《いつわ》りの言葉を捨て、すすんで布施《ふせ》をし、同情の念をもち、喜び敬《うやま》って、食物や飲物の大布施を行ないました。

それによって、わたしにはこのような容姿が具《そな》わり、それによって、この天界において善い果報《かほう》を受け、また、心の欲するままに財宝が生じたのです」
〔ヴィマーナヴァッツ〕

2　友との交わり

(1)　真の友

①　恥《はじ》を恥とも思わず、人に嫌《きら》われながら「わたしはあなたの友人だ」といって、少しも善い行ないをしない者、そのような者を「わたしの友人である」と思ってはならない。

〔ジャータカ〕

②　じつに、友の中の友は、友の生きている時も死去した時も、不幸な時も幸せな時も、栄枯盛衰《えいこせいすい》の理由によって友を捨てない。真理の教えを憶念《おくねん》している善き人だからである。

〔ジャータカ〕

③　たとい、遠く隔《へだ》たって住んでいても、心がかよっていれば、二人はたがいに離れずに一緒に住んでいることになる。身近に一緒に住んでいても、心の隔たりがあれば、二人は

たがいに離れて住んでいることになる。
〔ジャータカ〕

④　もろもろの悪人であっても、わが善き友である。
〔富木殿御返事《ときどのごへんじ》〕

⑤　飲み友だちという者がいる。かれは「きみよ、きみよ」と呼びかけ、「きみの親友だ」と自称する。しかし、真の友とは、ことが生じた時に味方となってくれる人である。
〔ディーガ・ニカーヤ〕

(2)　友を選ぶ

①　罪過《あやまち》を指摘し、叱責《しっせき》する智者に会ったならば、あたかも宝のありかを告げる人のように交わるべきである。そのような人と交わる者には、善いことばかりで、悪いことはない。
〔ダンマパダ〕

②　もしも賢明《けんめい》で、行ない正しく、智慧《ちえ》ある人とともにいくことができれば、あらゆる危《き》難《なん》を乗り超えて、思念《しねん》をこらし、喜んでかれとともに歩むがよい。
〔ダンマパダ〕

③　次の七つのことがらを完成している修行者は、友として交際すべきである。その七つとは何であるか。

与えがたいものを与え、なしがたいことをなし、忍びがたいことを忍び、秘密を明かし、秘密を守り、不幸な時にも捨てず、財産を失い貧乏になっても軽蔑《けいべつ》しないことである。

次の七つのことがらを完成した修行者は、たとい拒《こば》まれても友として交際し、親しくし、尊敬すべきである。その七つとは何であるか。

愛し、尊重し、教養と人徳があり、言葉は柔和で、深遠《しんえん》な話をし、不合理なことに引き入れないことである。

〔アングッタラ・ニカーヤ〕

④　愚《おろ》か者と行ないを等しくすれば、必ず悪い世界に赴《おもむ》く。愚か者と行ないを等しくしなければ、かれらの憎しみを受ける。愚か者と交わって、何の得るところがあるか。

瞬時にかれは親友となり、瞬時にまた敵となる。満足を表わすべき場合に、かれらは怒りを発する。心の賤《いや》しい人びとは宥《なだ》めにくい。

自負、他人への非難、浮世のおもしろい話――その他、このようなある種の悪が、必ず一人の愚か者から他の愚か者へと伝わる。

まさに、人は愚か者から遠ざかるべきである。もし遭遇《そうぐう》したならば、愛をもってかれを宥めよ。ただし、親交を結ばず、むしろ無関心な聖者の振舞いに倣《なら》え。〔入菩提行論《にゅうぼだいぎょうろん》〕

(3) 交友の理想

① もし人が自分に近づいてきたとしても、たかぶる心をもたず、また、人が自分から離れていったとしても、恨《うら》んではならない。〔円《えん》覚《がく》経《きょう》〕

② 〈同じ道を歩む人〉をわが弟子と称し、自分に属するものと思うあまり、放言したり悪口をいったりすることは、道理に合わないということについて述べよう。

光明寺《こうみょうじ》の大師《だいし》（中国の善導《ぜんどう》大師）の御釈《おんしゃく》（『散善義《さんぜんぎ》』）には、

「念仏者は、人びとの中の〈好人《こうにん》〉であり、〈妙好人《みょうこうにん》〉であり、〈最勝人《さいしょうにん》〉であり、〈上人《じょうにん》〉であり、〈上上人《じょうじょうにん》〉である」

と述べている。したがって、その趣旨《しゅし》を体得した祖師《そし》（親鸞《しんらん》）聖人《しょうにん》のお言葉にも、

「わたしはまったく弟子一人ももっていない。そのわけは、阿弥陀如来《あみだにょらい》の本願《ほんがん》を信じさせること以外に、何を教えるからといって、かれらをわが弟子と呼ぶのであろうか。

阿弥陀如来の本願は、仏の智慧である他力《たりき》の信心《しんじん》を平等にお与えくださるのであるから、みな、友人として〈同じ道を歩む人〉である。決してわたしの弟子というものではない」

と仰せになっている。このことは、念仏者はたがいに、尊敬の念から礼儀を正しくし、親しい交わりの芳香を放つべきである、という意味である。そのような意味を知らないで、かえって悪口を吐《は》くということは、まったく祖師や先輩の方々の御遺訓《ごいくん》に背《そむ》くことになるではないか。心得るべきことである。〔改《がい》邪《じゃ》鈔《しょう》〕

3　愛憎の彼岸

(1)　愛と憎しみ

①　もしある人がいて、わたしに怨みを抱くとしたならば、自分の父母を見るようにかれを見、また二心がなければ、すべての災《わざわ》いを除くことができよう。〔円覚経〕

②　釈尊は語られた。

「修行者たちよ、これら四つのものが生ずる。その四つとは何であるか。愛より愛が生ずる。愛より憎《にく》しみが生ずる、憎しみより愛が生ずる、憎しみより憎しみが生ずる、というのがそれである。

修行者たちよ、いかにして愛より愛が生ずるのか。修行者たちよ、世にある人がいて、かれが好ましく愛すべく意《こころ》よく思う人を、他人もまた好ましく愛すべく意よく思っている。かれはこのように思う。〝わたしの好ましく愛すべく意よく思うこの人を、他人がまた好ましく愛すべく意よく思っている〟と。かくして、かれは、かれら他人に対して愛を生ずる。修行者たちよ、このようにして、愛より愛が生ずるのである。

修行者たちよ、また、いかにして愛より憎しみが生ずるのか。修行者たちよ、世にある人がいて、かれが好ましく愛すべく意よく思う人を、他人は好ましく愛すべく意よく思っていない。かれはこのように思う。〝わたしの好ましく愛すべく意よく思うこの人を、他人は好ましく愛すべく意よく思っていない〟と。かくして、かれは、かれら他人に対して憎しみを生ずる。修行者たちよ、このようにして、愛より憎しみが生ずるのである。

修行者たちよ、また、いかにして憎しみより愛が生ずるのか。修行者たちよ、世にある人がいて、かれが好ましく愛すべく意よく思わない人を、他人もまた好ましく愛すべく意よく思っていない。かれはこのように思う。〝わたしの好ましく愛すべく意よく思わないこの人を、他人もまた好ましく愛すべく意よく思っていない〟と。かくして、かれは、かれら他人に対して愛を生ずる。修行者たちよ、このようにして、憎しみより愛が生ずるのである。

修行者たちよ、また、いかにして憎しみより憎しみが生ずるのか。修行者たちよ、世にある人がいて、かれが好ましく愛すべく意よく思わない人を、他人は好ましく愛すべく意よく思っている。かれはこのように思う。〝わたしの好ましく愛すべく意よく思わないこの人を、他人は好ましく愛すべく意よく思っている〟と。かくして、かれは、かれら他人に対して憎しみを生ずる。修行者たちよ、このようにして、憎しみより憎しみが生ずるのである」〔アングッタラ・ニカーヤ〕

③
無明《むみょう》煩悩《ぼんのう》しげくして
塵数《じんじゅ》のごとく遍満《へんまん》す
愛憎《あいぞう》違順《いじゅん》することは
高峯《こうぶ》岳山《がくざん》にことならず

人間の持つ無明の煩悩はおびただしい。塵《ちり》の数ほどもあって、身に満ち満ちている。思いどおりであれば愛欲の心が起き、なければ怒《いか》りの心が起こる。煩悩の起伏《きふく》のはげしさは、高い山の連なりのようである〔正像末和讃《しょうぞうまつわさん》〕

④
もし恩愛《おんあい》を投げ捨てなければ、恩愛がかえって人を投げ捨ててしまうであろう。恩愛を哀《あわ》れに思えば、恩愛そのものを哀れむべきである。恩愛を哀れむというのは、恩愛を投げ捨てることである。〔正法眼蔵《しょうぼうげんぞう》〕

⑤
恩愛はなはだたちがたく
生死《しょうじ》はなはだつきがたし

愛欲の情ははなはだ断《た》ちがたく、迷いの世界を流転輪《るてんりん》廻《ね》する原因を滅し尽くすことができなかった。それが

念仏三昧《ねんぶつざんまい》行じてぞ
罪障《ざいしょう》を滅し度脱《どだつ》せし

ただ、念仏三昧を行ずることによってのみ、はじめて罪を滅し、さとりをひらくことができたのである。
〔高僧和讃《こうそうわさん》〕

(2) 感謝の生活

① 釈尊は語られた。

「修行者たちよ、これら二人は世の中で得がたい。その二人とはだれか。一人は先に恩を施《ほどこ》す人であり、もう一人は恩を感じて恩を知る人である。修行者たちよ、これら二人は世の中で得がたい。

修行者たちよ、これら二人は世の中で得がたい。その二人とはだれか。満足した人と満足させる人である。修行者たちよ、これら二人は世の中で得がたい。

修行者たちよ、これら二人は満足させがたい。その二人とはだれか。一人は得たものを次々と蓄《たくわ》える人であり、もう一人は得たものを次々と捨てる人である。修行者たちよ、これら二人は満足させがたい。

修行者たちよ、これら二人は満足させやすい。その二人とはだれか。一人は得たものを蓄えない人であり、もう一人は得たものを捨てない人である。修行者たちよ、これら二人は満足させやすい」

〔アングッタラ・ニカーヤ〕

② この身体は、虚空《こくう》から生まれたのでもなく、大地から現われ出たのでもない。われわれの身体は〈四恩《しおん》〉の功徳《くどく》に助けられて、この〈五つの構成要素の集合〉である身体を保持しているのである。

ここで〈四恩〉とは、一には父母の恩、二には国主の恩、三には生きとし生けるものの恩、四には三宝《さんぼう》の恩である。

わたしを生み、わたしを育ててくれたのが父母の恩であり、この恩は、高い天よりもいっそう高く、厚い大地よりもいっそう厚い。たといわが身を粉《こ》にし、命をなくしたとしても、いつ父母の恩に報いることができようか。

たとい両親がわたしを生んだとしても、もし国を治《おさ》める国主がいなかったなら、強い人も弱い人もたがいに争いあい、貴《とうと》い者も賤《いや》しい者もたがいに奪いあって、この命すらもたもつことがむずかしくなる。どうして財産を守ることができよう。国主は世の人びとの家庭を平安にし、国内を平和にするのである。

生きとし生けるものは、わたしに対してどのような恩を与えているのだろうか。わたしははてしない大昔から、〈四つの生まれ方〉をとり、また〈六つの迷いの生存〉の中に輪《りん》廻《ね》し続けて、たがいに父となり子となってきた。わたしが〈四つの生まれ方〉をとり、また〈六つの迷いの生存〉の中に生を受けなかったことは、一度もなかったはずである。だから、もし、智慧の眼《まなこ》をもってこの事実を観察してみれば、すべての生きとし生けるものは、みな、過去の世においてわたしの親であったといえる。

この世の父母は、ただわたしの人間界における一生の肉体を育《はぐく》むだけである。国主の恩は、平凡なわが身を守ってくれるだけである。しかしながら、わたしの輪廻の苦《く》を断つことができ、涅槃《ねはん》の安らぎを与えることのできるものは〈三宝〉の恩である。これは、われわれの思い量《はか》ることのできないものである。

〈三宝〉とは、第一には仏宝《ぶっぽう》、第二には法宝《ほうぼう》、第三には僧宝《そうぼう》である。仏宝は、あらゆることを知る真実の智慧を具えていて、生きとし生けるものに正しい道を示す仏である。法宝は、思い量ることのできない功徳を具えていて、これをたもつ者に世間の安らぎと出世間の安らぎを与える教えである。仏宝と法宝にこのような功徳があるといっても、もし僧宝がなければ、この法宝を広く伝えることはできない。僧には、菩薩《ぼさつ》（大乗の求道者）と声聞《しょうもん》（小乗の修行者）などの区別がある。しかし、菩薩とか声聞とか、凡夫《ぼんぶ》とか聖者《しょうじゃ》とか、持戒者《じかいしゃ》とか破戒者《はかいしゃ》とかの区別なく、経典や論釈を学んで、人びとに真実の智慧を与える人

たちは、みなこれを僧宝という。〔性霊集《しょうりょうしゅう》〕

③　現在の大難を思い続けるにも涙、未来の成仏《じょうぶつ》を思って喜ぶにも涙で、おしとどめることができない。鳥や虫は鳴くけれども、涙をこぼさない。日蓮《にちれん》は泣かないけれども、涙ひまなくこぼれる。この涙は、世間のことのためではない。ただひとえに『法華経』の故である。そうであれば、甘露《かんろ》（不死の霊薬、仏法の妙味）の涙ともいえるだろう。〔諸法実相鈔《しょほうじっそうしょう》〕

④　今日、われわれが仏法を聞き、身につけることができるのは、仏や祖師たちが身命をなげうって、正しい修行をし、仏法を断絶させないで伝えてくれた慈恩《じおん》によるものである。その慈恩に答える正しい〈報恩行《ほうおんぎょう》〉とは、何よりもまず、自己の正しい勤めを、日々怠《おこた》らずに励《はげ》むことである。自己の正しい勤めと、日々の生命を大切にして、無駄《むだ》にしないようにに最善を尽くしていくことである。〔修証義《しゅしょうぎ》〕

⑤　みずから仏法を信じ、また人びとに教えて信心《しんじん》を得させることは、むずかしい中にもむずかしい。この至難の事を乗り越えて、仏の大悲の心を人びとに伝え、もれなく教化《きょうけ》することこそ、真に仏恩《ぶつおん》に報いる人に外ならない。〔往生礼讃《おうじょうらいさん》〕

(3)和顔愛語

①　法蔵比丘には、嘘《うそ》・偽《いつわ》りの心や、人にこびへつらって虚偽《うそ》を真実らしく見せる心がない。和《やわ》らいだ笑顔をし、愛情のこもった優しい言葉を交《かわ》す（和顔愛語《わげんあいご》）。そして、相手の心を先に知って、その願いを満たしてあげる。〔無量寿経《むりょうじゅきょう》〕

②　〈愛語〉とは、人びとに接するにあたって、まず、慈《いつく》しみの心を起こし、慈しみの言葉を与えることである。およそ、粗暴《そぼう》な言葉がないことである。〔正法眼蔵〕

③　敵軍を降伏《ごうぶく》させ、敵王を和睦《わぼく》させることは、〈愛語〉を根本とする。面と向って〈愛語〉を聞けば、喜びで顔がほころび、心は楽しくなる。間接的に〈愛語〉を聞けば、心に深く印象づけられる。〈愛語〉は愛の心から発《おこ》る。愛の心は慈しみの心を種子《たね》としている。じつに、〈愛語〉には天をも動かす力があるということを学ぶべきである。〔正法眼蔵〕

(4) 真実の慈愛

① ヴィマラキールティはいった。
「マンジュシュリーよ、たとえば、富める者のひとり子が病気になると、そのために両親もまた病気になり、ひとり子に病気がなくならない限り、両親も苦しむ。それと同じように、マンジュシュリーよ、求道者は生きとし生けるものをひとり子のように愛している。生きとし生けるものが病《や》んでいる限り、かれも病んでおり、生きとし生けるものに病気がなくなれば、かれにも病気がなくなるのである」

〔維《ゆい》摩《ま》経《ぎょう》〕

② 求道者が、あるがままの真実の相《すがた》を知れば、〈三つの迷いの世界〉の生けるものたちが真実に背《そむ》いている相を知る。生けるものたちの不真実を知れば、かれらを救おうとする真実の慈悲心を起こす。また、かれはあるがままの真実の相を知っているから、さとりを求めようとするまことの帰依《きえ》の心を起こす。
〔浄土論註《じょうどろんちゅう》〕

③ 如来《にょらい》の作願《さがん》をたづぬれば　阿弥陀仏《あみだぶつ》が本願《ほんがん》をおこされた本意をたずねると、苦し

苦悩《くのう》の有情《うじょう》をすてずして
迴向《えこう》を首《しゅ》としたまひて
大悲心《だいひしん》をば成就《じょうじゅ》せり

み悩む一切の衆生《しゅじょう》を救おうとのお心である。そのために、浄土へ往生《おうじょう》させようと、念仏を与えることによって、慈悲の心を完成されたのである。

〔正像末和讃〕

④

すべての生きとし生けるものは、幸福であれ、安泰《あんたい》であれ、安楽であれ。

〔スッタニパータ〕

4　対話を通じて

(1)　言葉づかい

①　釈尊《しゃくそん》は語られた。
「粗野《そや》にならず、明晰《めいせき》な真実の言葉を語り、その言葉によって人の感情を害することのない人、わたしはこれをバラモン（真の修行者）と呼ぶ」
〔ダンマパダ〕

②　サーリプッタ（舎利弗《しゃりほつ》）は修行者たちに呼びかけた。
「友よ、人を叱《しか》ろうとする時は、内心に次の五つのことがらを思い起こして叱るべきです。
(1)わたしは叱るのにふさわしい時を選ぼう。ふさわしくない時にはするまい。(2)真実に基づいて話をしよう。真実でないことに基づいてするまい。(3)和らいだ言葉で話をしよう。荒々しい言葉でするまい。(4)意味のあることに関して話をしよう。無意味なことに関してするまい。(5)慈しみの心で話をしよう。瞋《いか》りの心でするまい」

〔アングッタラ・ニカーヤ〕

(2) 聞く・問う・語る

① 師に参じて仏法を聞く時には、よくよく究《きわ》めて聞き、くり返し聞いて、その上で聞いたことを決定しなくてはならない。問わなくてはならないことを問わず、いわなくてはならないことをいわずに過ごしたら、必ず自分の損となる。師は必ず弟子《でし》の問いを受けてから言葉を発するのである。心得たことでも、さらに幾度も師に問い、疑いのないように、明確にしておかなければならない。師も、弟子によく心得たかどうかを尋ねて、納得のいくまで説き聞かせなくてはならない。
〔正法眼蔵随聞記《しょうぼうげんぞうずいもんき》〕

② 蓮如《れんにょ》上人は、
「自分の思っていることを口に出していえ」

とたびたび仰せになった。

「口に出していわない者は、心の中で何を考えているか判らないから、恐ろしい」

ともおっしゃった。また、

「信心を得ている者も、信心を得ていない者もともに、ただ口に出して思っていることをいえ」

と仰せになった。また、

「口に出していえば、その人の心の中も知られる。また、その言葉が間違っていたならば、人はなおしてくれるものである。だから、ただ口に出して思っていることをいえ」

とおっしゃった。〔御一代聞書《ごいちだいききがき》〕

③　釈尊は語られた。
「バラモンよ、何でも見たものを人に語る場合、それが悪いことがらを減らし、善いことがらを増大させるものならば、わたしは〝そのような見たものはまさに語るべきだ〟と説く。

　また、バラモンよ、何でも聞いたものを人に語る場合、それが悪いことがらを減らし、善いことがらを増大させるものならば、わたしは〝そのような聞いたものはまさに語るべきだ〟と説く。

また、バラモンよ、何でも考えたものを人に語る場合、それが悪いことがらを減らし、善いことがらを増大させるものならば、わたしは〝そのような考えたものはまさに語るべきだ〟と説く」

〔アングッタラ・ニカーヤ〕

④　愛《あい》らしく色が綺麗《きれい》でも、香りのない花のように、実行の伴わない人の言葉は、善く説かれても、効果はない。

愛らしく色が綺麗で、しかも香りのある花のように、実行の伴った人の言葉は、善く説かれて、しかも効果がある。

〔ダンマパダ〕

⑤　すべての生きとし生けるものに対して、敬愛《けいあい》の心を起こすべきである。ある時は父のように、ある時は母のように、ある時は兄のように、ある時は弟のように、ある時は姉妹のように、ある時は幼児のように、ある時は親族のように、ある時は善き指導者のように、敬愛の心をもって、ともに語れ。

〔般若経《はんにゃきょう》〕

⑥　もし自分自身、善を行なわないで、他人に仏法を説いて、善を行なわせようとするならば、それは正しいことではない。

〔華厳経〕

(3) 正しい対論

①　ミリンダ王は問う。
「尊者ナーガセーナよ、わたしとともに再び対論《たいろん》しましょう」

ナーガセーナ長老は答える。

「大王よ、もしもあなたが〈賢者の論〉をもって対論なさるのであれば、わたしはあなたと対論するでしょう。しかし、大王よ、もしもあなたが〈王者の論〉をもって対論なさるのであれば、わたしはあなたと対論しないでしょう」

「尊者ナーガセーナよ、賢者はどのようにして対論するのですか」

「大王よ、〈賢者の論〉においては解明がなされ、解説がなされ、批判がなされ、区別がなされ、細かな区別がなされますが、賢者はそれによって怒ることがありません。大王よ、賢者はじつにこのように対論するのです」

「尊者よ、また王者はどのようにして対論するのですか」

「大王よ、ところが、じつにもろもろの王者は、対論において一つのことのみを主張します。もしそのことに従わない者があれば、〝この者に罰《ばつ》を加えよ〟といって、その者に対する処罰を命令します。大王よ、じつにもろもろの王者はこのように対論するのです」

「尊者よ、わたしは〈賢者の論〉をもって対論しましょう。〈王者の論〉をもっては対論しますまい。尊者は安心し、打ち解けて対論して下さい。恐れないで下さい」

「大王よ、よろしい」

といって長老は同意した。〔ミリンダ王の問い〕

②

ミリンダ王が語る。

「尊者ナーガセーナよ、ここに話合いをしようと欲する人にとって避《さ》けるべき八つの場所があります。それらの八つの場所において智者は問題を話合いません。たとい話合いがなされたとしても、問題は崩れて結論に至らないのです。つまり、(1)平坦《へいたん》でない場所は避けるべきです。(2)恐怖を与える場所は避けるべきです。(3)風の強すぎる場所は避けるべきです。(4)隠蔽《いんぺい》された場所は避けるべきです。(5)神域《しんいき》は避けるべきです。(6)道路は避けるべきです。(7)橋は避けるべきです。(8)水浴場は避けるべきです。これら八つの場所は避けるべきものです」

ナーガセーナ長老は問う。

「どんな欠点が平坦でない場所、恐怖を与える場所、風の強すぎる場所、隠蔽された場所、神域、道路、橋、水浴場にあるのですか」

「尊者ナーガセーナよ、平坦でない場所で話合いをすれば、問題が散乱し、消散し、流出し、結論を生じないのです。恐怖を与える場所においては、意《こころ》が恐れおののき、恐れおののけば問題を正しく観察することができません。風の強すぎる場所においては、声は明瞭《めいりょう》となりません。隠蔽された場所においては、人びとが立ち聞きします。神域において話合いをすれば、問題は重苦しいものに変ります。道路において話合いをすれば、問題は空虚《くうきょ》なものとなります。橋においては、動揺します。水浴場においては、世俗の話となります」

〔ミリンダ王の問い〕

③

ミリンダ王が語る。

「尊者ナーガセーナよ、次の八種類の人は、話合いをする時、話合いをする問題を損《そこな》う者です。すなわち、貪《むさぼ》りの生活をする人、腹立ちの生活をする人、迷妄《めいもう》の生活をする人、高慢《こうまん》の生活をする人、貪欲《とんよく》な人、怠惰《たいだ》な人、一事しか心にかけない人、愚かな人です。これらの八種類の人は、話合いをする問題を損う者です」

長老は問う。

「それらには、いかなる過失《とが》がありますか」

王は答える。

「尊者ナーガセーナよ、貪りの生活をする人は、貪りのために話合いをする問題を損います。腹立ちの生活をする人は、腹立ちのために話合いをする問題を損い、迷妄の生活をする人は、迷妄のために話合いをする問題を損い、怠惰な人は、怠惰のために話合いをする問題を損い、一事しか心にかけない人は、一事しか心にかけないために話合いをする問題を損い、愚かな人は、愚かさのために話合いをする問題を損います」

〔ミリンダ王の問い〕

④　重大なことがらは、独《ひと》りで決定してはならない。必ず、多くの人びととともに論議すべきである。小さなことがらは、大したことはないから、必ずしも多くの人びとに相談する必要はない。ただ重大なことがらを論議するにあたっては、あるいは過失がありはしないかという疑いがある。だから、多くの人びととともに論じ、是非を弁《わきま》えてゆくならば、そのことがらは道理にかなうようになるのである。

〔十七条憲法〕

(4)　論争を越える

①

釈尊は異教《いきょう》を説く人びとについてパスーラに語られた。

「かれらは〝ここにのみ清らかさがある〟と主張して、他のもろもろの教えには清らかさがないと説く。自分が基づいているものだけが善であると説きながら、それぞれ別々の真理を固執《こしゅう》している。

かれらは議論を欲し、集会に突入し、相互に他人を愚者であると烙印《らくいん》し、師をかさに着て、論争を交《かわ》す。――自分が賞讃《しょうさん》されるようにと望んで、みずから真理に達した者であると称しながら。

集会の中で論争に参加した者は、賞讃されようと欲して懸念《けねん》する。そして、敗北しては打ちしおれ、論敵の欠点を探しているのに、他人から論難されると怒る。

審判者たちがかれの所論に対し、〝汝《なんじ》は敗北した。論破されてしまった〟というと、論争に敗北した者は悲しみ愁《うれ》い、〝かれはわたしを凌駕《りょうが》した〟といって泣く。

これらの論争が修行者たちの間に起こると、かれらに得意と失意が生まれる。このことを見て、論争を離れるべきである。かれらにとって、賞讃を得ること以外に他の利益は存しないからである。

あるいはまた、集会の中で議論を述べて、それについて賞讃されると、心の中に期待したような利益を得て、その人はそのために喜び、そしてたかぶる。

たかぶりというものは、その人自身が害《そこな》われる場所である。ところが、かれは慢心・過度の慢心の言葉を吐く。この理《ことわり》を見て、論争してはならない。道に達した人たちは、それによって清浄《しょうじょう》がある、とは説かないからである。

たとえば、王の禄《ろく》を食《は》んだ勇士が、相手の勇士を求めて、喚声《かんせい》をあげて進んでゆくようなものである。勇士よ、道に達した人のいるところに到れ。相手として戦うべき者は前もって存在してはいないのである。

特殊な哲学的見解を保持して論争し、〝これのみが真理である〟という人びとがいるなら、あなたはかれらにいうがよい――〝論争が起こっても、君と対論する者はここにはいない〟と」　〔スッタニパータ〕

②

異教徒が釈尊に問いの言葉を発した。

「言葉のある世界をも問いません。また、言葉のない世界をも問いません」

釈尊はしばらくの間、黙っておられた。するとその異教徒は、ほめ称《たた》えていった。

「尊き師よ、あなたの大慈大悲は、わたしの迷いの雲を払って、わたしをさとりに入らせました」〔碧《へき》巌《がん》録《ろく》〕

③ 仏道を学ぶ者は、教えの優れているとか劣っているとかを比較して論ぜず、また、教えの浅いとか深いとかの差別《しゃべつ》を問題にしない。〔正法眼蔵〕

④ 同じく念仏の一道を歩む者でありながら、この人はわたしに属する仲間（同行《どうぎょう》）であり、あの人は他の人に属する仲間であるといって、仲間の奪い合いをして論争することは、無意味である。

親鸞《しんらん》聖人の師、法然《ほうねん》上人の「七箇条《しちかじょう》の起請文《きしょうもん》」に、

「論争すれば、さまざまな煩悩《ぼんのう》が起こる。だから、智慧ある人は論争から、百由旬《ゆじゅん》（百ヨージャナ、約一四〇〇キロメートル）の遠方までも遠く離れる。まして、ひたすら念仏を修める行者にとっては、なおさらのことである」

と説かれている。たがいの是非を糺明《きゅうめい》し合い、正邪を論争し合うのであるから、上人はこのように厳しく誓っておられるのである。まして、今、人倫《じんりん》の道に関して、財産争いに類するような利益を求めて、たがいに論争するというならば、上人お心をわきまえぬ者たち

というべきである。

〔改《がい》邪《じゃ》鈔《しょう》〕

5　学ぶこと・教えること

(1)　真実を学ぶ

① あらゆる文章の微妙な文意をことごとく究《きわ》め尽くしても、一本の毛を大虚空《こくう》の中に立てたようなものであり、またこの世の中の大事なことを知り尽くしても、大きな谷間に水を一滴落したようなものでしかない。〔無《む》門《もん》関《かん》〕

② ある人は経典の言葉に従い、ある人は善い指導者に従って修行するが、最終的には師に頼ることなく、ただ自分独りでさとりを得るのである。師に頼らずに独りでさとりを得るというのも、それは真実の世界からの恵みなのである。

たとい生まれながらの聖者でも、必ず師を求め、道を尋ね求めるだろう。たとい生まれながらの聖者でなくとも、努力して修行すべきである。およそ生まれながらの聖者などはいないのだから、すべて人は、仏のさとりを得るまでは、経典や善い指導者に従って道を

学ぶのである。 〔正法眼蔵〕

③ 指導者が「仏《ほとけ》とは蝦蟇《がま》・蚯蚓《みみず》のことである」と教えたならば、「その蝦蟇・蚯蚓こそ仏である」と信じて、かねて自分で思っていた仏についての考えを捨てるべきである。もしこのように指導者の言葉に随《したが》って、自分の見解とか、もとから抱いていた固執を改めていくならば、おのずから仏道《ぶつどう》に契《かな》うところがあるに違いない。

ところが、近代の仏教を学ぼうとする者は自分の見解に固執し、自分の見方を根本として、「仏とはこれこれのものでこそあるはずだ」と思い、また自分の承知していることと異なった見方をだれかがいおうものなら、「そんなことはない」などと主張し、自分の見解や考察に近い見方をする者が他にもあるだろうと思って、同調者を求めて迷い歩く始末で、ほとんどが仏道の努力をしていないのである。 〔正法眼蔵随聞記〕

④ 〈他力《たりき》の真実〉のいわれを明らかに説いている多くの聖教《しょうぎょう》は、如来の本願を信じて、念仏を称《とな》えれば、仏になると教えている。それなのに、このこと以外に、いかなる学問が浄土《じょうど》に生まれるために必要であろうか。けれども、この道理を知らずに迷っている人は、どこまでも学問して、本願のいわれを信知《しんち》していくべきである。しかし、たとい経典や註

釈書を学んでも、それらの聖教の本意を会得しないようでは、じつに気の毒なことである。

〔歎異抄〕

⑤　このごろの人びとは、学問することによって、他人から受ける謗《そし》りをやめさせ、もっぱら教義の論議や問答を主にしようと努めているのだろうか。

学問すれば、いよいよ如来のご本意を知り、広大な大悲の本願のいわれもわかって、「このような卑《いや》しい身では、浄土に生まれることはどうだろうか」などと危ぶんでいる人びとに対しても、如来の本願には善人と悪人、浄《きよ》らかな人と穢《けが》れた人の区別なく、平等に救うといういわれのあることを説き聞かせなさるならば、それこそ学問した甲斐《かい》もあるというものである。

〔歎異抄〕

⑥　阿難（アーナンダ）が釈尊に問うた。

「尊き師よ、求道者が求道者と一緒に住む場合には、どのようにしたらよろしいのでしょうか」

釈尊は阿難に答えていわれた。

「求道者が求道者と一緒に住む時には、たがいに相手を見ること、あたかもわたしに対するようにすべきである。なぜなら、求道者は次のような思念《しねん》をもつべきだからである。――この人はわたしの真の伴侶《はんりょ》であり、ともにさとりの一道たる船に乗っている。かれが学びわたしが学んでいるのは、布施を初めとする六つの徳目の完成（六波《ろくは》羅蜜《らみつ》）と仏の智慧である。もしかれが六つの徳目の完成以外のものを雑《まじ》えて行ない、仏の智慧の心から離れるならば、わたしはそのように学ぶべきではない。もしかれが六つの徳目の完成以外のものを雑えて行なうことなく、仏の智慧の心から離れないならば、わたしもまた、そのように学ぶべきである。このように学ぶ求道者のことを同《どう》学《がく》（ともに学ぶ者）というのである」〔般　若　経〕

⑦　出家者は一人の師について学び、水と乳とが混り合って融合するように、たがいに和合すべきである。〔正法眼蔵随聞記〕

(2)　よき指導者

①　よく気をつけていて、明らかな智慧があり、学ぶところ多く、忍耐づよく、戒めをまもる、そのような立派な聖者・善き人、英知ある人に親しみなさい。――月がもろもろの

星の進む道にしたがうように。
〔ダンマパダ〕

② 長老ナーガセーナは語った。
「大王よ、たとえば、猿が棲処《すみか》を得ようとする時、静寂《せいじゃく》で、いたるところに枝が茂り、避難所となるような素晴らしい大樹に棲処を求めるように、大王よ、それと同様に、ひたすら瞑想《めいそう》にはげむ修行者は、恥《は》じらいがあり、優しく、戒《いまし》めをたもち、善い性格を有し、伝承聖典《でんしょうせいてん》の多くを学ぶ者、真理の教えを実践する者、人びとに愛され、威厳《いげん》があり、尊重され、ふさわしいことを多く語り、穏《おだ》やかに語り、人びとを教誡《きょうかい》し、巧《たく》みに教え、教示し、指導し、激励し、歓喜《かんぎ》させる、そういう善き友たる師のもとに住《とど》まるべきです」
〔ミリンダ王の問い〕

③ 真実の世界は、善き指導者を根本とする。すなわち、真実の世界は、善き指導者によって相《すがた》を現わし、善き指導者によって働きを生じ、善き指導者によって本質を発揮し、善き指導者によって成熟し、善き指導者によってよく持続し、善き指導者によってそのところを得る。
〔華　厳　経〕

④　釈尊は語られた。

「アーナンダよ、〝わたしは、修行者の仲間を導くであろう〟とか、あるいは〝修行者の仲間は、わたしに頼っている〟とこのように思う者こそ、修行者の集《つど》いに関してなにごとかを語るであろう。しかし、〈向上に努めた人〉は〝わたしは、修行者の仲間を導くであろう〟とか、あるいは〝修行者の仲間は、わたしに頼っている〟とか思うことがない。〈向上に努めた人〉は、修行者の集いに関して何を語るであろうか」

〔大般涅槃経《だいはつねはんぎょう》（パーリ文）〕

⑤　善き指導者には、好き嫌いの心がない。あたかも大海があらゆる河川の流れを呑みこんで、同一の鹹味《かんみ》とするように、平等にして無私である。

〔華　厳　経〕

⑥　善き指導者とは、どのような人であろうか。あらゆる事象《じしょう》は空《くう》であり、無相《むそう》であり、造作を超え、生ずることもなく、滅することもないということと、および、仏の智慧とを説いて、人びとに歓喜の心を起こし、喜んで教えを信ずる心をもたせる。このような人を善き指導者という。

〔般　若　経〕

⑦

ミリンダ王は語る。

「弟子が正しく実践するのに対して、師は、二十五の師徳《しとく》を正しく実践すべきである。何が二十五の師徳であるか。

尊者ナーガセーナよ、(1)ここに師は弟子に対して常に不断《ふだん》に守護を確立すべきである。(2)弟子の習うべきこと・習うべきでないことを知るべきである。(3)弟子の熱心であること・怠惰《たいだ》であることを知るべきである。(4)弟子の睡眠の時機《じき》を知るべきである。(5)弟子の病気を知るべきである。(6)弟子のとるべき食物・とるべきでない食物を知るべきである。(7)弟子の特性を知るべきである。(8)鉢の食物を弟子たちに分かち与えるべきである。(9)〝恐れてはならない、おまえの成績は進歩するであろう〟と弟子を激励すべきである。(10)これこれの人とゆききしたいという弟子の交際関係を知るべきである。(11)村における弟子の交際を知るべきである。(12)精舎《しょうじゃ》における弟子の交際を知るべきである。(13)弟子と無駄話をすべきではない。(14)弟子の過《あやま》ちを見ても寛容《かんよう》でなければならない。(15)徹底して教えるべきである。(16)省略することなく教えるべきである。(17)秘《ひ》することなく教えるべきである。(18)残すところなく教えるべきである。(19)〝わたしは学芸において、この弟子を産んだ〟と、生みの親心を確立すべきである。(20)〝どうしたら、この者は退歩せずにいくだろうか〟と、学芸を向上させようとする心を確立すべきである。(21)〝わたしは学力をつけてやって、この者を有力な者にしよう〟との心を確立すべきである。(22)慈《いつく》しみの心を確立すべきである。(23)困窮《こんきゅう》している時には、見捨てるべきではない。(24)弟子に対して何かしなければならない時には、なすべきことを怠ってはならない。(25)弟子が失敗した時には、正しく励ますべきである」

〔ミリンダ王の問い〕

⑧

釈尊は語られた。

「アーナンダよ、修行者たちはわたしに何を待望するのであるか。わたしは内外の区別なしに、ことごとく法を説いた。〈完全な人格者〉の教法には、なにものかを弟子に隠すような〈教師の握拳《にぎりこぶし》〉は存在しない」

〔大般涅槃経（パーリ文）〕

⑨

釈尊は語られた。

「マールンキヤよ、ここに、わたしがいずれとも確定して説かなかったことを説かなかったとして了解せよ。また、わたしが確定して説いたことを説いたとして了解せよ。マールンキヤよ、わたしが確定して説かなかったこととは何か。それは〝世界は常住《じょう》《じゅう》（永遠）である〟〝世界は無常である〟〝世界は有限である〟〝世界は無限である〟〝生命（霊魂《れいこん》）と身体とは同一である〟〝生命と身体とは異なったものである〟〝人格完成者（如来）は死後に存在する〟〝人格完成者は死後に存在しない〟〝人格完成者は死後に存在しかつ存在しない〟〝人格完成者は死後に存在するのでもなく、存在しないのでもない〟などということである。なぜ、わたしはこのことをいずれとも確定して説かなかったのか。じつに、このことは目的にかなわず、清らかな修行の基礎とならず、世俗的なものを厭《いと》い離れること、欲望を離れること、煩悩《ぼんのう》を滅尽《めつじん》すること、心の平安、勝れた叡智《えいち》、正しいさとり、安らぎ（ニルヴァーナ、涅槃《ねはん》）のために役立たないからである。だから、わたしはこのことを確定して説かなかったのである。

マールンキヤよ、では、わたしは何を確定して説いたのであるか。〝これは苦しみである〟〝これは苦しみの生起する原因である〟〝これは苦しみの消滅である〟〝これは苦しみの消滅に導く道である〟ということを、わたしは確定して説いたのである。なぜ、わたしはこのことを確定して説いたのであるか。じつに、これは目的にかない、清らかな修行の基礎となり、世俗的なものを厭い離れること、欲望を離れること、煩悩を滅尽すること、心の平安、勝れた叡智、正しいさとり、安らぎのために役立つからである。だから、わたしはこれを確定して説いたのである」〔マッジマ・ニカーヤ〕

⑩

チューラ・パンタカ（周利槃特《しゅりはんどく》）は語った。

「わたしの学業が遅々として進まなかったので、以前に、わたしは軽蔑された。兄もまた、わたしを追い出して、〝さあ、今おまえは家に帰れ〟といった。

こうして、わたしは追い出されたが、なおもサンガ（仏教教団）の園の小室にいて、ブッダの教えに希望を失わず、その場に悄然《しょうぜん》と立っていた。

そこへ、尊き師（釈尊）がやってこられて、わたしの頭を撫《な》で、わたしの手を取って、サンガの園に招き入れた。

師はわたしを慈しんで、足拭《あしふ》きを与え、〝一方の側に坐って、よく注意努力して、この清浄《しょうじょう》な布に心を専注せよ〟といわれた。

わたしは、師の言葉を聞いて、その教えを楽しんで安住し、最上の道理に達するために心統一を実践した。

わたしは、過去の世の生活を知り、勝れた透視力を清め、三種の明知に通達して、ブッダの教えをなし遂《と》げた」

〔テーラ・ガーター〕

(3)　師弟のきずな

① 信者よ、自分の名声や生活の糧《かて》を得ようと思って、出家者《しゅっけしゃ》の師に従ってはならない。ひたすら真理を愛し、真理を敬うために、真理の教えを説く求道者《ぐどうしゃ》に従え。〔般 若 経〕

② むかし、唐の趙州真際《じょうしゅうしんさい》大師は、発心《ほっしん》して修行の旅に出る時に、次のように誓っていった。

「たとい七歳の子供であっても、自分よりも勝れているならば、わたしはかれに教えを乞《こ》おう。たとい百歳の老人であっても、自分より劣っているならば、わたしはかれを教えよう」〔正法眼蔵〕

③ 仏道修行は、指導者の正しいか誤っているかにかかっている。弟子は良質の材木のようなものであり、指導者は大工のようなものである。たとい良質の材木であっても、上手な大工の手にかからなければ、見事な材質が現われないだろう。たとい曲った材木であっても、名人の手にかかれば、材木の価値がたちまちに現われるだろう。〔学道用心集《がくどうようじんしゅう》〕

④ 親鸞にとっては、「ただ念仏を称《とな》えて、阿弥陀《あみだ》仏に救われなさい」という、善き人・法然上人の仰《おお》せをいただいて信ずる以外に、格別、あなたがたに語ることはないのだ。

念仏は、実際、浄土に生まれる因《たね》であるのか、また、地獄に堕《お》ちる業《ごう》であるのか、すべてわたしの関知するところではない。たとい法然上人に騙《だま》されて、念仏を称えて地獄に堕ちたからといって、少しも後悔《こうかい》しまい。そのわけは、こうである。念仏以外の自力《じりき》修行に励んで仏になるはずであった自分が、念仏を称えたために地獄に堕ちたというのであれば、それこそ騙されたという後悔も起こるであろう。だが、いかなる自力の修行もできない自分であるから、結局、地獄はわたしの定められた住家《すみか》なのだ。

阿弥陀仏の本願《ほんがん》が真実であるならば、その本願に基づいて説かれた釈尊の教えに、嘘《うそ》はないはずである。釈尊の教えが真実であるならば、その教えに従って解釈された善導《ぜんどう》大師の言葉に、偽《いつわ》りはないはずである。善導大師の解釈が真実であるならば、それを受けた法然上人の仰せに、どうして、嘘・偽りがあるだろうか。法然上人の仰せが真実であるならば、その仰せをいただいているこの親鸞の語ることも、また偽りではなかろう。

要するに、愚かなわたしの信心は、今、申したとおりのものである。この上は、念仏の教えをとって信じなさろうと、また、これを捨てて他の教えによろうとも、おのおのがたのご判断次第である。

〔歎　異　抄〕

⑤　専修念仏《せんじゅねんぶつ》の人びとの中で、「これはわたしの弟子である」とか「これは他の人の弟子

である」と区別して、たがいにいい争っているということであるが、それは思いもよらないことである。

親鸞は弟子を一人ももっていない。なぜならば、自分の力で人に念仏を称えさせるようにしたのであるならば、その人は自分の弟子ともいえよう。しかしながら、阿弥陀如来のお手回しによって念仏を称えている人を、自分の弟子であると呼ぶことは、じつにとんでもないことである。

およそ、つき従うべき因縁があればつき従うことであるし、また、離れ去るべき因縁があれば離れ去ることであるから、その道理も知らないで、「今までの師に背《そむ》き離れ、他の人に従って念仏するような者は、往生《おうじょう》することができない」などということは、言語道断《ごんごどうだん》である。このようにいう人は、如来から与えられた信心を、いかにも自分が与えたかのような顔をして、その者から取り返そうとするつもりであろうか。これはどう考えても、あってはならないことである。

自然《じねん》の道理（本願他力のいわれ）にかなうようになれば、おのずから仏のご恩がわかり、また、師のご恩も知られるはずである。〔歎　異　抄〕

⑥　亡《な》き聖人がおっしゃった言葉に、「親鸞は弟子一人ももっていない」という言葉があ

る。「そのわけは、如来の教えをあらゆる人びとに説き聞かせる時は、ただ如来の御代官の役としてだけである。これ以上に親鸞は世に珍しい教えを弘めはしない。ただ如来の教えを自分も信じ、他人にも教え聞かせているだけである。その外に、何を教えてわが弟子といおうか」と仰せになったことである。そのようなわけであるから、如来の教えを仰《あお》ぐ人びとはみな友人であり同行である。そこで、聖人は念仏者たちを尊敬して、「御同朋《おんどうぼう》・御《おん》同行《どうぎょう》」と仰せられたのである。〔蓮如・御文《おふみ》〕

6　ともに生きる

(1)　自己と他人

① 他人の過失は見えやすいが、自分の過失は見えにくい。他人の過失は籾殻《もみがら》のように撒《ま》き散らすけれども、自分の過失は、ずるい賭博師《とばくし》がカリ（最も悪いサイの目）を隠すように隠す。

〔ダンマパダ〕

② だれでも他人を欺《あざむ》いてはならない。たといどこにいようとも、他人を軽んじてはならない。悩まそうとし、怒りの想いを抱いて、たがいに他人に苦痛を与えることを望んではならない。

〔スッタニパータ〕

③ すべての人の愁《うれ》いを知るがよい。万物は自己と隔《へだ》たっているようであるけれども、本来の心は一つである。両者のうち、いずれを自とし、また他とし得ようか。愚か者におい

ては、他人と自己という隔たりがあるが、道を完成した人においては、自己と他人との差別はない。だから、誠の心をもった人は、情《じょう》を先として憐《あわ》れみ深い。釈尊は、迷いの世界の生けるものたち（衆生《しゅじょう》）を一子のごとく憐れみたもうた。

〈一如《いちにょ》〉の水が流れて万波に分かれ、天上の月が万水に映るように、人びとの本性もこれと異ならない。したがって、この世には賤《いや》しむべき者もなく、隔てるべき者も存在しない。まさに人は、「一切の衆生はことごとく仏性《ぶっしょう》あり」の道理をさとるべきである。歌に、こういう。

庭に生《おう》るちり〳〵草の露までも影をほそめてやどる月かな　〔盲《もう》安《あん》杖《じょう》〕

④　〈同事《どうじ》〉ということは、違《たが》わないということである。自己に対しても他人に対しても違わないことである。たとえば、われわれの如来は、われわれ人間に和して違わない、というようなものである。如来は人間世界の中に入って、事を同じくされる。このことから、他の世界についても同様だと知られる。〈同事〉というあり方を知る時、自己と他者は一つなのである。　〔正法眼蔵〕

⑤　〈自他無差別《じたむしゃべつ》〉と知ることは道理である。それを体得するために、慈悲心をもっぱら

修《おさ》めることが大切である。〈物我一体《もつがいったい》〉ということがいわれるが、自己と他者はまったく隔つべきではない。どんな人でも、わが身をかわいがるように、相手の人も、自分自身をかわいがっているのだと知るべきである。一切の生きとし生けるものは畜類に至るまで、命を惜しみ、身を愛し、子を憐れみ、夫婦恩愛の情深く、ものごとに恐れ驚き、憂い悲しむということは、みな、われわれ人間がそのように思っているところと異ならない。

ところが、このことを理解せず、鳥獣を殺したり、あるいは悩まし苦しめて、人間の慰《なぐさ》めとすることは、きわめて愚かな仕業《しわざ》である。また、自己自身をすべての人から隔てて、すべての人を憎み、また、罪のない人を恨《うら》む。あるいは他人が栄《さか》えていると妬《ねた》み、やがて衰《おとろ》えると喜ぶ。あるいは他人のしたい気持を横取りして自己の手柄とし、他人に恥《はじ》を与えて自己の威勢を増し、まったく人倫《じんりん》の道を忘れ、人の苦痛を知らないで、空《むな》しく一生を過ごすならば、それこそ人倫の道ではない。よくよく自己を顧《かえり》みて、慈悲心を発《おこ》すべきである。〔反故集《ほごしゅう》〕

⑥　〈道を求める心〉をもつ仏弟子を、インドでは菩薩《ぼさつ》（求道者）と呼び、中国では君子《くんし》と名づけている。いやなことは自分自身にまわし、好ましいことは他人に与え、自分のことは忘れて他人のために働くことこそ、慈悲の実践の究極である。〔山家学生式《さんげがくしょうしき》〕

⑦ すべての生きとし生けるものを、わが父母・兄弟と見なす。〔梵網経〕

⑧ 釈尊は得大勢《とくだいせい》に語られた。
「威音王如来《いおんのうにょらい》が完全な涅槃《ねはん》にはいられたあとで、正しい教えが消滅し、正しい教えに似た教えも消滅しつつあり、かの世尊の教誡《きょうかい》が思いあがった比丘《びく》たちによって攻撃されたとき、〝常に軽んじられた〟（常不軽《じょうふぎょう》）という名の比丘である菩薩がいた。得大勢よ、どうして、その菩薩大士は常不軽と呼ばれるのであろうか。得大勢よ、実は、その菩薩大士は、比丘にせよ比丘尼《びくに》にせよ、信男《しんなん》にせよ信女《しんにょ》にせよ、だれを見ても近づいて、こういうのである。

〝尊者がたよ、わたしはあなたがたを軽蔑いたしません。あなたがたは軽蔑されません。それはどうしてでしょうか。あなたがたはすべて、菩薩としての修行（菩薩道）を行ないなさい。そうすれば、将来、正しいさとりを得た尊敬さるべき如来となるからです〟

このようにして、得大勢よ、その菩薩大士は、比丘でありながら、講説もせず、読詠もしない。ただ、だれを見ても、たとい遠くにいる人でも、すべて近づいて右のように告げるだけであった」

〔法華経〕

⑨　自利《じり》を得ているからこそ、その人は利他《りた》の行ないをなすことができる。自利を得ていないならば、利他の行ないをなすことができない。

利他の行ないをなすことができるからこそ、その人は自利を得ることができる。利他の行ないをなすことができないならば、自利を得ることができない。

〔浄土論註〕

⑩　人びとの集会の席においては、「かれらがみな、さとりを達成した仏となって、この集会が仏たちの集会にまでなるように」と願うべきである。

〔華厳経〕

(2)　男と女

①　唐《とう》の国にも愚かな僧がいて、誓願《せいがん》を発《おこ》して、「生まれ変わり死に変わりして、どの生存においても、久しく女性を見ることがないように」と願った。いったい、このような誓願はいかなる教えに基づいているのであろうか。世俗《せぞく》の教えによるものなのか、仏の教えによるものなのか、異教の教えによるものなのか、あるいは天魔《てんま》の教えによるものなのか。

そもそも、女性にどのような罪過《つみとが》があるというのか、また、男子にどのような功徳《くどく》があるというのか。悪人といっても男子の悪人もいるし、善人といっても女子の善人もいる。教えを聞こうと願って、さとりを求めるということは、必ずしも男子だけとか女子だけというように限られてはいない。いまだ煩悩《ぼんのう》を断じていない時には、男子であれ女子であれ、いずれも煩悩を断じていないのである。煩悩を断じてさとりを得た時には、男子とか女子という区別はさらさらない。

また、「久しく女性を見ることがないように」という願いを発《おこ》したとするならば、「わたしは無数の生きとし生けるものを、誓って済度《さいど》しようと願う」という求道者の誓願を発すときにも、女性を除外することになるのか。女性を救うことを捨てるならば、求道者の実践行とはいえない。まして、仏の慈悲心にかなうものといえようか。

〔正法眼蔵〕

②　ソーマー尼は語った。

「わたしたちのうちで、心がよく安定し、そして、現に智慧が生じている時、正しく真理を観察する者にとって、どうして、女性であることが妨げとなろうか」

〔テーリー・ガーター〕

③　男性はどうして貴いといえるのだろうか。その存在を作り上げている諸要素について見れば、虚空《こくう》は虚空であり、地《ち》・水《すい》・火《か》・風《ふう》の四元素は四元素であり、〈五つの構成要素の集合〉は〈五つの構成要素の集合〉である。女性もまた同じ諸要素から成る。道を得る者は男女の差別なく、いずれも道を得る。ただ、いずれであっても道を得た者を敬《うやま》い重んずるべきである。男女の区別を論じてはならない。これは仏道の究極のきまりである。

〔正法眼蔵〕

(3)　自己を省みる

①　他人に苦しみを与えて、自分の楽しみを望む。このような人は怨《うら》みの絆《きずな》に結ばれて、怨みから脱《のが》れることがない。

〔ダンマパダ〕

②　海が水で満ちているように、智慧を満たしている人びとは、他人を軽蔑しない。これが生けるものにとっての聖なる理法である。

〔テーラ・ガーター〕

③　愚か者たちにほめられる人びとと、智者たちに非難される人びととを比較すれば、智

者たちに非難される人びとの方が、愚か者たちにほめられる人びとよりも勝れている。

〔テーラ・ガーター〕

④　ピンドーラは語った。
「〝この修行生活は、節度ある生活である。食物はわたしの胸に近づかない。だが、身体は食物によって支えられる〟と見て、食物を乞うために托鉢《たくはつ》に出かける。

この聖者は、立派な家柄の人びとから与えられる礼拝《らいはい》や供養《くよう》を汚泥《おでい》であると知っているからである。鋭《するど》い矢は抜きがたく、凡人《ぼんじん》は他人から受ける尊敬を捨てることがむずかしい」

〔テーラ・ガーター〕

⑤　他人の過《あやま》ちに手をかけてはいけない。憎いと思う心で、他人の過ちを見てはいけない。古語に、「他人の過ちと、および自分自身が正しいということとを見なければ、自然に目上の人から敬われ、目下の人からも尊ばれる」という言葉がある。
また、他人の過ちをまねてはいけない。自分の徳を磨《みが》くべきである。仏の教えにも、他人の過ちをやめさせることはあっても、過ちを憎めとは説かれていない。

〔正法眼蔵〕

⑥
釈尊は語られた。

「友よ、もし修行者が自己を観察して、〝わたしは人から叱責《しっせき》された時、他のことがらに答えをそらしたり、外のことに話を向けたりして、怒《いか》りや嫌悪《けんお》や不満を表わすと知ったならば、これらの悪い点を除くために努力すべきである。

友よ、また、もし修行者が自己を観察して、〝わたしは人から叱責されても、他のことがらに答えをそらさず、外のことに話を向けたりせず、怒りや嫌悪や不満を表わしたりしない〟と知ったならば、かれは、昼夜を問わず、善いことがらを学習することによって、法に従うその悦《よろこ》びをいっそう増すべきである」〔マッジマ・ニカーヤ〕

(4) 平静な心

①
釈尊は語られた。

「サーリプッタ（舎利弗《しゃりほつ》）よ、わたしは墓場で、白骨を敷いて臥坐具《がざぐ》としていた。サーリプッタよ、その時、牧童たちがやってきて、わたしにつばを吐《は》き、放尿《ほうにょう》し、ごみを投げ、耳の穴に木片を差しこんだ。それでもわたしは、かれらに悪心を起こさなかった。サーリプッタよ、これが、わたしが心の平静《へいせい》を修《おさ》めていた時の姿であった」

〔マッジマ・ニカーヤ〕

②　「われわれはこの世で死すべきものである」とさとらない人がある。人がもしこれをさとるならば、それによって争いはやむ。

〔ダンマパダ〕

③　平静であって、常に正しい思念をもち、世間において、他人を自分と等しいとは思わないし、また自分が勝れているとも思わないし、また劣っているとも思わない。そういう人には煩悩の燃えさかることがない。

〔スッタニパータ〕

④　こだわることのない人は、理法を知ってこだわることがないのである。かれには、生きることへの執《とら》われも、生存を断つことへの執われも存在しない。

〔スッタニパータ〕

⑤　自己を制御《せいぎょ》して悪をなさず、若い時でも中年でも、聖者は自己を制御している。かれは他人に悩まされることなく、また、誰をも悩まさない。もろもろの賢者は、かれを聖者であると知る。

〔スッタニパータ〕

(5)　善き人びと

①　花の香りは風に逆《さか》らって進まない。梅檀《せんだん》もタガラもマッリカーの香りも同様である。けれども、善き人たちの香りは風に逆らって進み、すべての方角に香りを放つ。

〔ダンマパダ〕

②　善き人びとは、あらゆるところで欲を捨てる。善き人びとは、快楽を望んで語ることをしない。幸福を得ても、あるいは不幸にあっても、賢者たちは別々の姿を見せることがない。

〔ダンマパダ〕

③　堅《かた》い巌《いわお》が風に揺《ゆる》がないように、賢者は謗《そし》られても賞《ほ》められても、動じない。

〔ダンマパダ〕

④　世間の楽しみを嫌い、世俗の煩《わずら》わしさを憂《うれ》える人は、聖者である。〈五つの欲望〉を求め、世俗から離れることを忘れた人は、愚者である。

〔正法眼蔵〕

(6) 慈愛の実現

① 慈愛心を修習《しゅじゅう》すれば、善人たちにとっても悪人たちにとっても、それは、あらゆる善の美徳をもたらす。およそ、意識に縛《しば》られて生活している者たちにとって、おおいなる美徳をもたらす慈愛心の修習は、ともどもに修習しあうべきものである。〔ミリンダ王の問い〕

② 自分の友にも敵に対しても、慈しみの修習をなすべきである。慈しみの心をもって、全世界を満たすべきである。これは、仏たちの教えである。〔ミリンダ王の問い〕

③ 釈尊は語られた。
「修行者たちよ、これらが〈人びとを愛護すべき四つのことがら〉である。四つとは何か。布施をすること、優しい言葉で話すこと、他人のためになることをすること、自他の区別を立てないことである。修行者たちよ、これらが〈人びとを愛護すべき四つのことがら〉である」〔アングッタラ・ニカーヤ〕

④　だれでも、みずから戒めをたもって、そのことが他人の生活に役立つことになるのは、あたかも地・水・火・風の諸要素があらゆるものを構成しているのと同様である。他人に対してこの上ない慈悲心を起こし、破戒《はかい》の人びとを導く人こそ、戒めをたもつ者である。その他の者は、形の上だけで戒めをたもつ者にすぎない。〔宝《ほう》性《しょう》論《ろん》〕

Ⅲ　社会の中で

1　時代と人間

(1)　歴史の見方

①
ナーガセーナ長老はミリンダ王に語った。

「〝アーナンダよ、いまや、正しい教え（正法《しょうぼう》）は、五百年だけ存在するであろう〟と。また、完全な涅槃《ねはん》に入られる時、修行者スバッダにこういわれました。〝スバッダよ、これらの修行者たちが正しく生活したならば、この世に、阿羅漢《あらかん》（さとりを得た最高位の聖者）のないことはないであろう〟と。

大王よ、しかしながら、尊き師（ブッダ）のこの言葉は、あなたが考えるのとは、意義も異なり、主張も異なっています。一方はブッダの教えの存続の期限であり、他方は実践道の説示であるから、これら両者は、相互に遠く距《へだ》たっているのです。尊き師が〝アーナンダよ、いまや、正しい教えは、五百年だけ存在するであろう〟と説かれたのは、正しい教えの滅尽《めつじん》を説示しつつ、今後存続する残りの期間を限定されたためです。

大王よ、最勝の勝者《しょうしゃ》（ブッダ）の教えは、本来、無垢《むく》であり、煩悩《ぼんのう》の垢《あか》・ちりあくたを離れております。もしも、ブッダの子たちが正しい行ない・勝れた戒行《かいぎょう》・日常の勤めの実践、煩悩を根絶する浄化の修行によって、最勝の勝者の教えを学ぶならば、かくて、この最勝の勝者の教えは、久しく長い期間存在するであろうし、また、この世に、阿羅漢のないことはないでありましょう。したがって、尊き師はこの意味において、〝スバッダよ、これらの修行者たちが正しく生活したならば、この世に、阿羅漢のないことはないであろう〟といわれたのです。大王よ、師（ブッダ）の教えは、実践を根本とし、実践を心髄《しんずい》とするものです。実践が隠没《おんもつ》しない限り、ブッダの教えは存在します」

ミリンダ王は質問する。

「尊者ナーガセーナよ、あなたが〈正しい教えの隠没〉といったその〈正しい教えの隠没〉とは、どんなことですか」

「大王よ、これら三つの隠没があります。すなわち、(1)正しい教えの証得《しょうとく》が隠没すること、(2)正しい教えの実践が隠没すること、(3)正しい教えの特徴が隠没することであります。

大王よ、正しい教えの証得が隠没する時は、よく教えを実践する者であっても、かれはその教えを会得《えとく》することができない。正しい教えの実践が隠没する時は、学ぶべきことがらの制定は隠没し、正しい教えの特徴のみが存在する。正しい教えの特徴が隠没する時は、伝統の相続は断絶する。大王よ、これらが三つの隠没であります」

〔ミリンダ王の問い〕

② 経典がこの世に伝わることと、滅びることとについて明らかにするならば、釈迦牟尼仏《しゃかむにぶつ》一代に説かれた教えが伝わる時期を三つに分け、第一期は〈正法《しょうぼう》〉の時代五百年、第二期は〈像法《ぞうほう》〉の時代一千年、第三期は〈末法《まっぽう》〉の時代一万年とする。末法一万年の時代には、人びとの数が減少し、経典はすべて滅びてしまうであろう。

〔安楽集《あんらくしゅう》〕

③ 仏教で〈正法〉・〈像法〉・〈末法〉の三つの時代を立てるのは、われわれを仏道に向かわせるための一つの手段である。釈尊《しゃくそん》在世時の出家者たちが必ずしも、みな勝れていたわけではなく、思いもよらぬ無類の浅ましい下劣な者もいたのである。だから、釈尊が種々

の戒《いまし》めを制定されたのは、かれらが悪しき行《あ》ないをなす能力の下劣な者であったためである。人はみな、それぞれ仏法を信ずる能力をもっている。決して、自分はその能力がないと思ってはならない。修行によって必ずさとりを得ることができる。〔正法眼蔵随聞記《しょうぼうげんぞうずいもんき》〕

④　『法華経《ほけきょう》』の「涌出品《ゆじゅつぼん》」が釈尊によって説かれた時、弥勒菩薩《みろくぼさつ》を始めとする無数の求《ぐ》道者《どうしゃ》は、大地から現われ出た数しれぬ求道者たちを見て、伽耶城《がやじょう》（ブッダ・ガヤー）における成仏《じょうぶつ》の真実を疑った。そこで釈尊はかれらの願いに応じて、次の「寿量品《じゅりょうぼん》」を説かれ、「分別功徳品《ふんべつくどくほん》」に至って、大地より現われ出た求道者たちを勧め励まされ、「悪世《あくせ》・末法の時、よくこの経をたもつ者」といわれた。この時、弥勒菩薩はこの経を自分に託されたのではなかったから、『法華経』を世に弘めなかった。しかし、親しく霊鷲山《りょうじゅせん》の説法の場において、「悪世・末法の時云云」の金言《きんげん》を聞いていたから、『瑜伽論《ゆがろん》』を説くにあたって、〈末法〉の時代、日本において大地より現われた求道者が『法華経』の精神を流布《るふ》することになっている、ということをかねて示したのである。〔曾谷入道殿許御書《そやにゅうどうどのもとごしょ》〕

(2)　末の世

① 今の世は短命であって、人の寿命は百歳が限度である。これを〈命の濁《にご》り〉と名づける。また、人びとは父母を父母とも思わず、道の人・真の出家者《しゅっけしゃ》・一族・首長を認識せず、道理を身につけず、なすべきことをなさず、この世とあの世における悪業《あくごう》の報《むく》いを恐れず、智慧《ちえ》や布施《ふせ》を修めず、功徳《くどく》を積まず、食事の規定を守らず、戒めを実行しない。これを〈人びとの濁り〉と名づける。また、この人びとは邪《よこしま》な欲望を増大し、武器を手にして争いを起こし、嘘《うそ》・偽《いつわ》りを述べ立てて邪悪《じゃあく》なことがらを信じ、さらにこれ以外の悪徳を生み出す。これを〈煩悩の濁り〉と名づける。また、今の世において、正法《しょうぼう》は衰退・破滅して像法の時代となり、邪な見解が次々と生じてくる。これを〈思想の濁り〉と名づける。また、飢饉《ききん》の時代となり、戦乱の時代となる。これを〈時代の濁り〉と名づける。〔菩薩地持経《ぼさつちじきょう》〕

② 五濁《ごじょく》の時機《じき》いたりては　五つの濁りに汚《けが》れた時代にいたれば、
道俗《どうぞく》ともにあらそひて　僧侶《そうりょ》も俗人《ぞくじん》も自分の教えだけが正しいと主張して争う。
念仏《ねんぶつ》信ずるひとをみて　念仏の教えを信じる人を見ては、
疑謗《ぎほう》破滅《はめつ》さかりなり　疑い謗《そし》り、破滅させることも盛んになる。〔正像末和讃《しょうぞうまつわさん》〕

③ 釈迦如来《しゃかにょらい》かくれましまして　釈尊が亡くなられて、すでに二千年以上が過ぎた。滅後

二千余年になりたまふ
正像《しょうぞう》の二時《にじ》はおはりにき
如来《にょらい》の遺弟悲泣《ゆいていひきゅう》せよ

五百年は、悟りをひらく者がいた正法の世であった。その後千年は、悟れずとも修行する者がいた像法の世であった。今は修行する者もいない末法の世である。仏弟子《ぶつでし》たちよ、悲泣せよ。

〔正像末和讃〕

④　今の時代は、〈像法〉の最後の時代である。この時代の修行のありさまは、次にくる〈末法〉のそれと同じである。そうであるから〈末法〉の時代においては、単に言葉や知識としての教えが説かれるだけであって、その教えを実行したり、それによってさとりを得るということはない。もしも〈末法〉の時代に戒めが存続しているのであれば、戒めを破るという破戒《はかい》もあり得よう。ところが、現在はすでに戒めそのものが存在しないのである。いかなる戒めを破ることによって、破戒ということがあるであろうか。破戒ということさえ、存在しないのであるから、まして戒めをたもつという持戒のあり得るはずがない。

〔末法灯明記《まっぽうとうみょうき》〕

⑤　三恒河沙《さんごうがしゃ》の諸仏の
出世のみもとにありしとき

わたしたちは、これまでいくたびも生まれ変わり、無数のみ仏が世に出《い》でました時に出会い、そのたびに大

大菩提心《だいぼだいしん》をおこせども
自力《じりき》かなはで流転《るてん》せり

菩提心を起こして修行に励んできた。しかし、自分の力ではついにさとりをひらくことができず、今にいたるまで迷いつづけている。〔正像末和讃〕

⑥
五濁悪世《ごじょくあくせ》のわれらこそ
金剛《こんごう》の信心《しんじん》ばかりにて
ながく生死《しょうじ》をすてはてて
自然《じねん》の浄土《じょうど》にいたるなれ

五濁に汚れた悪世界に住むわたしたちに、他に手段はない。ただ阿弥陀仏《あみだぶつ》が与えたもう金剛の信心によってのみ、永遠に生死の迷いから離れ、自然にさとりをひらく浄土へ往生《おうじょう》できる。〔高僧和讃《こうそうわさん》〕

⑦
像末《ぞうまつ》五濁の世となりて
釈迦《しゃか》の遺教《ゆいきょう》かくれしむ
弥陀《みだ》の悲願《ひがん》ひろまりて
念仏往生《ねんぶつおうじょう》さかりなり
末法《まっぽう》第五の五百年
この世の一切有情《うじょう》の

さとりをひらく者のいない像法・末法の時代となった時、釈尊が遺《のこ》したもう、この世でさとりをひらくための教えはすたれ滅びた。ただ浄土へ往生してさとりをひらかしめようとの、弥陀の本願の教えだけが広まり、念仏往生の道が盛んとなった。末法の世の、争いばかりがはげしい第五の五百年に住む人びとは、阿弥陀仏《あみだぶつ》の、一切衆生《しゅじょう》を救いたもう慈悲

如来《にょらい》の悲願《ひがん》を信ぜずば
出離《しゅつり》その期《ご》はなかるべし

の本願を信じなければ、この迷いの悪世界を捨て離れる機会がない。

九十五種世《よ》をけがす
唯仏一道《ゆいぶついちどう》きよくます
菩提《ぼだい》に出到《しゅっとう》してのみぞ
火宅《かたく》の利益《りやく》は自然《じねん》なる

末法の世には、九十五種の邪《よこしま》な教えが世を汚《けが》す。浄土の教えだけが清く正しい。わたしたちは浄土に往生して、他人を教化《きょうけ》する身となってのみ、この世の人を救うことができる。〔正像末和讃〕

2　社会・国家

(1)　社会の繁栄

①　国土について議論をすれば、浄《きよ》らかなものと穢《けが》れたものとの違いはあるけれども、いずれもみな、その国土に住む人びとの行為の善悪によって報われたものである。そのようなわけで、人びとは必ず〈自分の国〉というい方をするのである。〔維摩経義疏《ゆいまぎょうぎしょ》〕

②　農民は聡明《そうめい》な君主の尊重するものであって、かれらは国の根本である。古来、農民の隆盛《りゅうせい》・衰亡《すいぼう》は国が治まるか乱れるかに関係している。農民が困窮《こんきゅう》すれば、田野が開墾《かいこん》されない。田野が開墾されなければ、国民はみな根本を忘れて枝葉末節《しようまっせつ》を逐《お》うことになる。枝葉末節を逐えば、利欲《りよく》の心が深まる。利欲を逐う心が深くなれば、正しい道を失うことになる。これこそ、争乱《そうらん》の糸口というべきであろう。〔十善法語《じゅうぜんほうご》〕

③

(1)ヴァッジ人は、しばしば会議を開き、会議には多勢の人が参集する。

(2)ヴァッジ人は、共同して集合し、共同して行動し、共同してヴァッジ族としてなすべきことをなす。

(3)ヴァッジ人は、いまだ定められていないことを定めず、すでに定められたことを破らず、昔、定められたヴァッジ人の法に従って行動しようとする。

(4)ヴァッジ人は、ヴァッジ族のうちのヴァッジ古老を敬《うやま》い、尊《とうと》び、崇《あが》め、もてなし、そして、かれらの言葉を聞くべきものと思う。

(5)ヴァッジ人は、宗族《しゅうぞく》の婦人・子女を暴力をもって連れ出し、捕え、留置《りゅうち》することをしない。

(6)ヴァッジ人は、都市の内外のヴァッジ人のヴァッジ霊地《れいち》を敬い、尊び、崇め、保持し、そして、以前に与えられ、かつ以前になされた法に適《かな》ったかれらの供物《くもつ》をたやすことがない。

(7)ヴァッジ人は、尊敬されるべき修行者たちに、正当な保護と防護と支持とを与え、よくその準備をなす。いまだやってこない修行者たちが、この領土に入るであろうことを願い、またすでにやってきている修行者たちが、領土のうちで安らかに住むであろうことを願う。

この七つがヴァッジ人の間に存し、またヴァッジ人がこの七つを守っているのが見られる限りは、ヴァッジ人に繁栄が期待され、衰亡はないであろう。〔大般涅槃経《だいはつねはんぎょう》（パーリ文）〕

(2) 理想の政治

① 国家の危機・滅亡の基因《きいん》は、みだりに世間・世俗に従うことにある。世間の評判が善いからといってこれを聞き入れるようでは、決して真の賢者（勝れた政治家）を得ることにはならない。真の賢者を得ようと思うならば、その人間を正しく位置づけ見究《みきわ》めるだけの智略《ちりゃく》がなければならない。世間の評判が善いからといって、必ずしもその人は賢者ではない。世間の評判が悪いからといって、必ずしもその人は賢者ではないというわけでもない。けれども、賢者であって謗《そし》りを招く場合があり、にせものであって賞讃《しょうさん》される場合があるから、よくよく観察して取り違えてはならない。賢者を登用《とうよう》しないのは国家の損失であり、愚者を採用するのは国家の痛恨事《つうこんじ》である。〔正法眼蔵《しょうぼうげんぞう》〕

② 国を治める要点は、賞罰《しょうばつ》を正しくするところにある。ところが、多くの場合、悪人を糾明《きゅうめい》して、これを罰することばかりして、善人を見つけ出して、賞を与えることはまれで

ある。したがって、まず第一に、善人を誉《ほ》めて賞を与えることが、法にかなっているといえよう。上の人びとが善人を愛すれば、下の人びとはおのずから善に帰するものである。

〔反故集《ほごしゅう》〕

③

善財童子《ぜんざいどうじ》は尋ねた。

「〈五つの恐怖《くふ》〉を取り除くことが国造りの基礎だといわれましたが、その〈五つの恐怖〉とは何でしょうか。また、この恐怖はこの国だけにないのですか」

バラモンは答えた。

「童子よ、一には、王の人となりが純朴《じゅんぼく》で慎《つつ》ましく、課税《かぜい》の方法が平等であり、国王による収奪《しゅうだつ》の恐怖がないということです。二には、武士が貞節《ていせつ》で賢《かしこ》く、貪《むさぼ》らないことを信条としており、王の近臣《きんしん》が脅《おびや》かすという恐怖が存在しないことです。三には、官《かん》吏《り》がその職分を守り、恩恵と寛容の精神に満ちており、酷吏《こくり》が痛めつけるという恐怖が存在しないことです。四には、人びとがみな道理を守り、謙譲《けんじょう》で、国に欺《あざむ》きや曲ったことがなく、盗賊が盗みを働くという恐怖が存在しないことです。五には、隣国との関係が平和であり、よく交流がなされ、侵略の恐怖が存在しないことです。他の国には、これら〈五つの恐怖〉があり、人びとは不安な状態にあります」

〔華《け》厳《ごん》経《きょう》〕

(3) 為政者

① 王が慈《いつく》しみの心をもって、人民を見ること、あたかも子に対するようであり、人民も王を見ること、あたかも父母に対するようである。〔勝軍王所問経《しょうぐんおうしょもんぎょう》〕

② わたし（アショーカ王）がいかなる努力をしても、それはすべて、一には、わたしが生けるものたちに負う債務《さいむ》を返還するためであり、同時にまた、かれらをこの世において安楽にし、かの世において天界《てんがい》に達せさせようとするためである。〔アショーカ王・摩崖詔勅《まがいしょうちょく》〕

③ 過去長期の間、もろもろの国王は娯楽《ごらく》の巡幸《じゅんこう》に出かけた。その時、狩猟《しゅりょう》その他の慰安《いあん》が行なわれた。ところで、〈神々に愛された温容《おんよう》ある王〉（アショーカ王）は、即位灌頂《そくいかんじょう》後十年を過ぎて、ブッダ・ガヤーの菩提樹《ぼだいじゅ》の許《もと》に赴《おもむ》いた。これによって、この〈法〉の巡幸が起こった。

その時、バラモン（真の仏教修行者）・道の人に会見して布施を与え、長老に会見して黄金を分配し、また地方の人民に会って〈法〉を教え諭《さと》し、それに適した〈法〉の質問をした。

その後、これが〈神々に愛された温容ある王〉にとっての、治世《ちせい》の後期における楽しみとなった。

〔アショーカ王・摩崖詔勅〕

(4) 国家と宗教

① すべての宗教の本質の増大は、さまざまな方法によって起こるが、その根本となるものは、言葉を慎むこと——すなわち不適当な機会においてもっぱら自己の宗教を賞揚《しょうよう》したり、他の宗教を非難したりしないこと、あるいはそれぞれの機会において穏和《おんわ》であるべきことである。

それだからこそ、各自はたがいに、それぞれの仕方によって、他の宗教を尊敬すべきである。もしたがいにこのようにするならば、自己の宗教を増進させるとともに、他の宗教の増進をも助けることになる。

〔アショーカ王・摩崖詔勅〕

② そもそも、国家は正法《しょうぼう》に依存して栄え、正法が信じ尊ばれるのは人による。

〔立正安国論《りっしょうあんこくろん》〕

③　「国を謗《そし》る」ということは、真理の法を謗る者がその国に住めば、その国全体が無間《むけん》地獄の大城となるという意味である。大海にはすべての河川の水が集まり、その国にはすべての災《わざわ》いが集まる。たとえば、山に草木が生い茂るようなもので〈三災《さんさい》〉は月を追って重なり、〈七難《しちなん》〉は日を追ってやってくる。飢《う》えや渇《かわ》きが起これば、その国は餓鬼道《がきどう》と化し、疫病《えきびょう》が重なれば、その国は畜生道《ちくしょうどう》となる。人びとは死んでから地獄・餓鬼・畜生の〈三悪道《さんまくどう》〉に堕《お》ちるのではない。現に生きているこの身にとって、その国は修羅道《しゅらどう》を加えた〈四悪道〉と変ずるのである。これが「国を謗る」という意味である。

このようにして、結局、この国は他国に痛めつけられ、国内では同士打ちが起こって、無間地獄と化してしまうであろう。〔筒御器鈔《つつごきしょう》〕

④　修行者よ、よく注意して、国家に親しみ近づいてはならない。

修行者は、国事に関することを論じてはならない。国事を論じて、涅槃《ねはん》のさとりに達することはできないし、また道の人としてなすべき正しい実践も得られない。もしも、国事に関する論をなそうと思うならば、それは、正しい勤めではない。〔増一阿含経《ぞういちあごんきょう》〕

⑤　およそ〈一如《いちにょ》〉の道理にのっとり、人びとを教化《きょうけ》していくのは法王であり、全世界の

人びとにもれなくその徳を垂れるのは仁王《にんのう》である。それで、仁王と法王はそれぞれ姿を示して、人びとを導いていく。仏教が弘まるのは、法王の説く究極的真理と仁王の説く世俗的真理とが、たがいに因となっている。〔末法灯明記〕

⑥　そもそも、国家は仏法によって栄え、仏法は人民によって尊いとされる。国家が滅び人民が滅んだら、だれが仏を崇《あが》め、だれが仏法を信じようか。まず、国家の繁栄を祈って仏法を打ち立てるべきである。〔立正安国論〕

(5)　戦争と平和

①　この世において、もろもろの怨《うら》みは、怨み返すことによって、決して静まらない。そうではなくて、もろもろの怨みは、怨み返さないことによって静まる。これは、永遠の真理である。〔ダンマパダ〕

②　仏が歩《あゆみ》を運ばれるところは、どこもみな、その教化《きょうけ》を受ける。国内は平和で、日月は清らかに明るく、風雨はちょうど良い時に降り、災難は起こらず、国は繁栄し、国民は安

らかな生活を送り、軍隊や武器を用いることがない。

〔無量寿経《むりょうじゅきょう》〕

(6) 政治家の務め

① わが（アショーカ王の）官吏もまた、高位者でも低位者でも中位者でも、すべて法に随順《ずいじゅん》し、正しく実行し、このようにして罪を犯しやすい者を勧め導く力がある。もろもろの辺境人《へんきょうにん》に対する大官もまた、このように行なう。
なぜならば、法による保護、法による処理、法によって安楽を与えること、法によって言葉と行動を制御《せいぎょ》すること、これが官吏に示し与えた規則だからである。

〔アショーカ王・石柱詔勅《せきちゅうしょうちょく》〕

② すべての（宗教的な）法の職務に熱心であって、貪《むさぼ》ることなく、賢明で、法を守り、他人を悩ますことのない人を、君主は国民のための法務官とせよ。
政治学を知り、法を守り、愛情があり、清く、忠実で、しかも剛毅《ごうき》で、よい家庭に育ち、徳行があり、報恩《ほうおん》の念のある人を、大臣とせよ。

心が賤《いや》しくなく、人にものを与え、勇敢《ゆうかん》で愛情があり、財産もあり、しっかりしていて、常に注意深く法を守る人を、将軍とせよ。

法を守る本性があり、清らかで、敏腕《びんわん》であり、職務に通暁《つうぎょう》し、学問に通じ、行ないがととのい、公平で、愛情があり、年長《とした》けた人を、財務官とせよ。

そして、君主は毎月かれらから収支全般を聞け。聞き終ったならば、法務などの職務をすべてみずから語れ。〔ラトナーヴァリー〕

③　人には、それぞれ、その任務がある。職務に混乱があってはならない。賢明な人材が官吏となる時は、賞讃の声が起こり、邪《よこしま》な者が官吏となる時は、災《わざわ》いや争乱がしばしば起こる。世の中には、生まれながらにして聡明《そうめい》な人は少ない。よく道理をわきまえるならば、人は聖者となれる。およそ、ことがらの大小にかかわらず、適任者を得れば、必ず世の中は治まる。時代の動きが激しい時でも、緩《ゆる》やかな時でも、賢明な人材を用いることができれば、世の中はおのずから豊かで、伸び伸びとしてくる。これによって国家は永久に栄え、危機に立つことがない。そのようなわけで、古代の聖王は官その職にふさわしい人材を求め、人のために官職を設けることはしなかった。〔十七条憲法〕

④　和こそが貴いのであり、反抗しないことが各自の本分でなければならない。ところが、

人にはそれぞれ党派心があり、道理をさとっている者は少ない。だから、主君や父に従わず、また近所の人たちと争いを起こすようになる。しかしながら、上の者も下の者も和らぎ睦《むつ》まじく話し合うことができるならば、ものごとはおのずから道理にかない、なにごともなし遂げられないことはない。〔十七条憲法〕

(7) 階級否定

① 身を受けて生まれた生けるものたちの中で〔動物には種類の〕区別があるけれども、人間の間ではそうした区別は存在しない。人間の間で区別表示が説かれるのは、ただ〔階級などの〕名称によるのみである。〔スッタニパータ〕

② 世間で名とし姓として附せられているものは、通称にすぎない。人の生まれたその時々に附せられて、仮《かり》に設けられ伝えられているのである。〔スッタニパータ〕

③ 生まれによって賤《いや》しい人となるのではない。生まれによってバラモンとなるのではない。行為によって賤しい人ともなり、行為によってバラモンともなる。〔スッタニパータ〕

④　生まれを問うことなかれ。行ないを問え。火はじつにあらゆる薪《まき》から生ずる。貧しい家に生まれた人でも、聖者として道心堅固《どうしんけんご》であり、恥を知って慎むならば、高貴《こうき》の人となる。〔スッタニパータ〕

⑤　わたしはすでに、「すべて人間の貴賤《きせん》は、あらかじめ決定しているものではない」と説いた。たとい尊貴《そんき》の身分であっても、悪事を働くならば、下賤《げせん》の人と名づけられる。たとい下賤の身分であっても、善事を行なうならば、尊貴な人と呼ばれる。だから尊貴な人というのは、善事を修めることに由《よ》る。生まれや出身によって、尊貴な人と名づけるのではない。このことが判ったならば、きっと身分におごる心が除かれるであろう。〔摩登伽経《まとうがきょう》〕

⑥　生まれが卑《いや》しいからといって、軽んじてはならない。道を学び始めたばかりだからといって、あざ笑ってはならない。たとい笑われたからといって、怒《いか》り恨《うら》むな。まして最下位の人に最上の智慧があることもあり、最上の人に思慮分別《しりょふんべつ》する智慧のないこともある。「四大河も海に注ぎこめば、もとの名を失って同一の海水となるように、四姓《しせい》のいずれの階級から出家したとしても、みな同じく釈氏《しゃくし》と呼べ」という仏の言葉を思念すべきである。

(8) 占いと迷信

〔永平清規《えいへいしんぎ》〕

① わが徒(仏弟子)は、『アタルヴァ・ヴェーダ』(バラモン教の祭式書)の呪法《じゅほう》と、夢占《うらな》いと、観相《かんそう》と、星占いとを行なってはならない。鳥獣の声を占ったり、懐妊術《かいにんじゅつ》や医療を行なったりしてはならない。

〔スッタニパータ〕

② 魚肉・獣肉を食べないことも、断食《だんじき》も、裸体も、剃髪《ていはつ》も、結髪《けっぱつ》も、ちりあくたも、粗《あら》い鹿の皮を着ることも、火神への献供《けんぐ》の奉仕も、あるいはまた世の中で不死を得るための苦行《くぎょう》も、神呪《じんじゅ》も、供犠《くぎ》も、祭祀《さいし》も、季節の荒行も、それらは疑念を超えていなければ、その人を清めることができない。

〔スッタニパータ〕

③ めでたいしるしの占い、天変地異《てんぺんちい》の占い、夢占い、相《そう》の占いを完全にやめ、吉凶《きっきょう》の判断を捨てた修行者は、世の中に正しく遍歴《へんれき》するであろう。

〔スッタニパータ〕

(9) 世に価値のあるもの

① 今日、人間の抱《いだ》く名誉欲、財欲などの〈五欲《ごよく》〉を初めとして、高額の所得、高位、高官といった類《たぐい》も、人間の眼にこそ素晴らしいものと見えるが、神々や仏・菩薩《ぼさつ》の眼から見れば、あたかも鳶《とび》が一片の肉を得ようとして争っているようなものである。これほどのことでも、はっきりと疑わないところまでいけば、すべての欲望の対象は、みな風の前の塵《ちり》にすぎなくなる。〔十善法語〕

② 難勝地《なんしょうじ》（菩薩の十の段階の第五）の地位にいる求道者は、生けるものたちに利益を与える者であるから、世間に行なわれている治世・処世の古典を初め、技術、芸術、文学、算数を知り、また金石のさまざまの性質を知っている。さらに医術を知り、癩病《らいびょう》を治《なお》し、悪鬼の取りつきを払い、体内の虫毒を消すことができる。また舞踊、音楽、遊戯、娯楽を知り、国土・都城《とじょう》・村落・邸宅《ていたく》・庭園・林・池の構築を知り、花や果実や薬草、金・銀・瑠璃《るり》・珊瑚《さんご》・琥珀《こはく》・瑪瑙《めのう》などの宝石を知り、宝の山の所在を示すことができる。また、天体の運行、吉凶の占い、地震、夢、身体の特相、布施、持戒、心の制御、心統一、超人的

な働き、〈四無量心《しむりょうしん》〉〈四無色定《しむしきじょう》〉、もろもろの苦悩の超克《ちょうこく》、人びとを安《やす》んずる方法などを知っている。

かれは生けるものたちに慈しみを垂れるために、かれらの方法を用いて、かれらを仏たちの勝れた真理の教えに入らせるのである。

〔華　厳　経〕

③　世の中、安穏《あんのん》なれ。仏法、ひろまれ。

〔親鸞御消息集《しんらんごしょうそくしゅう》〕

3　法による生活

(1)　宗教と倫理

①　吉凶に従って儀礼を行ない、親のために尽くし王に仕えるというのは、思うに、世俗の領域内でいわれることにすぎない。〔答何鎮南〕

②　人は後世《ごせ》の浄土往生《じょうどおうじょう》を遂《と》げたいためといって、経典・ダラニの一巻さえも読まず、あるいは焼香《しょうこう》・礼拝《らいはい》を一度もしなくとも、心身《しんじん》を正しく、〈あるべきように〉さえ振舞えば、一切の善き神々も護ってくださる。また、かれの願いもおのずからかない、望みも容易に遂げられる。むずかしく考え、こせこせするよりは、何の計らいもせず、ただ心身を正しくして、あるべきように過ごすべきである。〔明恵上人遺訓《みょうえしょうにんいくん》〕

③　慈雲《じうん》大師は、『楽邦文類《らくほうもんるい》』の中で、次のように説いている。

祭祀の法は、インドでは『韋陀《いだ》』（ヴェーダ聖典）、中国では『祀典《してん》』といった。これらは、もともと世俗の迷いを離れたものではないから、真実の立場に立って論ずれば、世俗の人びとを誘《いざな》う権《かり》の方便《てだて》にすぎない。

〔教行信証《きょうぎょうしんしょう》〕

④　天台大師《てんだいだいし》（智顗《ちぎ》）の『法界次第《ほっかいしだい》』に、次のように説かれている。

一には、仏に帰依《きえ》する。『涅槃経《ねはんぎょう》』に「仏に帰依する者は、心をひるがえして仏以外の神々に決して帰依してはならない」と説かれている。また、「仏に帰依する者は、決して地獄などの悪《あ》しき境界《きょうがい》に堕《お》ちない」とも説かれている。

二には、法に帰依する。つまり、法とは大いなる聖者（ブッダ）の説かれた教えと道理で、人はそれに帰依して、くり返し身につけよ、ということである。

三には、僧に帰依する。つまり、出家《しゅっけ》して〈三乗《さんじょう》〉の教えを正しく修行する人たちに、心から帰依するから、『経』にも、「その後永く、心をひるがえしてさまざまな異教に帰依しない」とある。

〔教行信証〕

⑤　念仏を信じ、常に念仏を称《とな》えて、念仏を謗《そし》る人びとのこの世や後の世までのことを一緒に祈り合ってください。浄土に往生する身と定まっているあなたがたにとって、念仏を

何に役立てる必要がありましょうか。ただ、心のねじけた世間の人びとのことを祈り、かれらが阿弥陀仏《あみだぶつ》の御誓《おんちか》いに摂《おさ》めとられますようにと思い合うならば、それこそ、仏のご恩に報いたてまつることになりましょう。このことをよくよく肝《きも》に銘じて、念仏を称え合ってください。法然《ほうねん》上人のご命日の二十五日に行なわれるお念仏にしても、つまるところは、このような邪見《じゃけん》の者を助けようとするためにこそ、「念仏を称え合ってください」ということなのですから、よくよく念仏を謗る人が救われるようにと考えて、念仏を称え合ってください。

〔親鸞御消息集〕

(2)　善悪・邪正

①　もろもろの〈善悪の行為〉は、実体としてあるものでなく、空《くう》のものである。それは本来、清浄《しょうじょう》なものである。しかし、われわれが〈善悪の行為〉という場合は、ただ世間で用いる文字や言葉によって、善とか悪とかといって仮《かり》に分別して名づけたものにすぎない。

〔摩訶止観《まかしかん》〕

②　〈善悪不二《ふに》〉と知ることは道理である。善悪の境界に向って心を変えないことは正し

い。順境界と逆境界があり、仏境界と魔境界があり、鬼類・蛇類、その他あらゆる境界があるけれども、自己の心を堅固にして、「すべてのものは夢・幻・泡・影のごとく、露《つゆ》のごとくまた電《いなずま》のごとし」と観察するならば、心に礙《さまた》げとなるものは一つもない。……この道理に眼をつけて、自己を正しく守って、善悪の境界に対して心を変えてはならない。……善悪の境界は、わが心より造り出されるものと知るべきである。

〔反　故　集〕

③　「善も悪もともに悪である、善を離れ悪を離れることこそ、真の善である」と知って、この道理の本旨を究《きわ》める。

〔摩訶止観〕

④　牛は水を飲んで乳とし、蛇は水を飲んで毒とする。真理は本来、同一の味をもつものであるが、真理を正しくあるいは邪《よこしま》に実践するかしないかは、ひとえに人による。

〔沙《しゃ》　石《せき》　集《しゅう》〕

⑤　今日、わが国において、仏道を学ぶ者の多くは、身の振舞いにせよ、あるいは言葉にせよ、それらの是非・善悪を、世間の人の経験・知識に照らして、「こんなことをすれば、人びとは悪く思うであろう」とか、「これをなせば、人びとは善く思ってくれるであろ

う」と考えて、その時ばかりでなく、さきざきのことまで執《とら》われているようである。これはまったく、よろしくないことである。

世間の人びとのいっている善は、必ずしも善とすることはできない。人びとはどのようにでも思ったらよいのだ。たとい自分を狂人だといったとしてもかまわない。自分の心において、仏道に順ずるように努め、仏法に順じないようなことを行なわずに一生涯を過ごしたら、たとい世間の人びとがどのように思っても、心苦しいことはないのである。

〔正法眼蔵随聞記《しょうぼうげんぞうずいもんき》〕

(3)　善人と悪人

①　仏法を体得するにあたって、ふさわしくない悪人が多いが、とりわけ次の七種の人びとがいる。

一には、酒を好む人。二には、世間の善し悪しを批判する人。三には、さとりをたやすく授《さず》ける人。四には、ものごとにこだわらない者だといって、勤めをおろそかにする人。五には、高慢な人。六には、名誉心の強い人。七には、欲の深い人。

〔麓草分《ふもとのくさわけ》〕

②　一つ。善と悪との二つの行為のこと。

親鸞《しんらん》聖人はこのように仰せられた。「わたしはまったく善も望まないし、また悪も恐れない。善を望まないわけは、弥陀の本願を信ずることにまさる善がないからである。また悪を恐れないわけは、弥陀の本願を妨《さまた》げるほどの悪が存在しないからである」と。

ところが、世の人びとはみな、「浄土往生のための善を完全に身につけていなければ、たとい念仏を称えても往生することはできない」と思い、また「たとい念仏を称えても悪業《あくごう》が深重《じんじゅう》であれば、往生することはできない」と考えている。この二つの考えは、いずれもひどく間違っている。もし自己の意志によって、悪業を断ち、そして善業を完全に身につけて、この迷いの世界を離れて浄土に往生できるというのであれば、しいて本願を信知しなくとも、往生するには充分であろう。ところが、われわれは善悪の二つを自分の思うとおりに決定《けつじょう》していくことができないから、悪業を恐れながらもこれを身にひき起こし、善業を積んでいこうとしてもそれを積むことができない凡夫《ぼんぷ》なのである。

このように、〈三毒〉の煩悩を身につけた浅ましい悪人であり、出離《しゅつり》の道から疎外《そがい》されたわたしを救いとろうとして、法蔵菩薩《ほうぞうぼさつ》が五劫《ごこう》の間思惟《しゆい》して立てられた本願なのであるから、ただこれを仰いで仏の智慧をそのままいただくばかりである。ところが、もし「善人が念仏するのを見て、この人の往生は決定していると思い、悪人が念仏するのを見て、この人の往生は決定していない」と疑うならば、本願のおこころを見失うばかりでなく、自身が本願のめあてとしての悪人であることを知らない者となる。〔口《く》伝《でん》鈔《しょう》〕

(4) 日々の生活

① 〈道〉は人を大きく育て、人は〈道〉を弘めてゆく。〈道心《どうしん》〉があれば、かれの生活はおのずから成り立つ。しかしながら、生活ができても、その中から〈道心〉は生まれてこない。〔一心戒文《いっしんかいもん》〕

② 小川に木をかけて、小さな橋を一つでも作り、冷たい水に足を入れないでも人びとが渡れるようにしてやり、また少しでも人びとのためを考えて愛情をもって接していくことは、やがて自他ともにこの上ないさとりに到達させる一貫した実践となる。〔明恵上人遺訓〕

③ 米をとぎ、副食物を調理するには、自分から進んで手をくだし、心をこめて励んでしなさい。一瞬といえどもおろそかにしたり、いい加減になすべきではない。一つはきちんとやったが、他の一つは見落したということがあってはならない。〔永平清規〕

④　身を清めることは、心を清めることである。身心を清めることは、国土を清め、仏道を清めることである。だから、〈清浄《しょうじょう》〉の範囲・分量は、それだけ仏や祖師たちの〈道〉が実現しているということである。そして、仏はこの〈清浄〉をも超えて、執われや穢《けが》れを落とし尽くしている。
顔を洗い清めることは、身体全部を清めることである。身体全部を清めることは、もろもろの事象《じしょう》を清めることである。

〔正法眼蔵〕

⑤　雲門《うんもん》大師は次のように弟子たちにいった。
「十五日以前〈道〉を求めてからさとりを得るまで）のことは、問わない。十五日以後（さとってから後）、一言述べてみよ」
大師はみなに代って、みずから答えた。
「毎日がよい日である（日々是れ好日）」

〔碧《へき》巌《がん》録《ろく》〕

⑥　ある僧が洞山《とうざん》大師に問うた。
「暑さ寒さがやってきたら、どのようにこれを避けたらよろしいでしょうか」

洞山は答えた。

「どうして暑さ寒さのないところにいかないのか」

僧はいった。

「暑さ寒さのないところとは、どのようなところでしょうか」

洞山は答えた。

「寒い時は寒いだけ、暑い時は暑いだけだ」

〔碧巌録〕

(5) 自己を滅ぼすもの

① 女に溺《おぼ》れ、酒に浸《ひた》り、賭博《とばく》にふけり、得るにしたがって得たものをそのたびごとに失う人がいる。――これは破滅への門である。
〔スッタニパータ〕

② 維摩居士《ゆいまこじ》が、賭博にふけり、酒を嗜《たし》なみ、女遊びなどしたように経典に記されているが、それらは、みな、実際かれが行なったことではない。明らかに、かれは人びとに応じて姿を現わし、人びとを救うためのてだてとして振舞っただけである。
〔維摩経義疏〕

③　白昼《はくちゅう》に眠ることを常とし、夜は起きるものと思い、常に泥酔《でいすい》にふける者は、家を確立することができない。

〔ディーガ・ニカーヤ〕

④　まず酒に三種類がある。一には穀物酒、二には果実酒、三には薬草酒である。果実酒とは、ぶどうやアリッタ樹の実などから作られる酒である。薬草酒とは、種々の薬草を米麹《こうじ》やさつまいもの汁の中に混ぜ合わせてできた酒で、これは、ひづめのある哺乳《ほにゅう》動物の乳から作る酒と同じである。すべて動物の乳は、熱すると、中味は酒となるはずである。大まかにいえば、酒には乾性のものと湿性のものと濁り酒とがある。いずれにしても、酒は人の心を動揺させ、怠惰《たいだ》にしてしまう。このような性質をもったものが酒である。どんな種類の酒であっても、飲んではならない。これを、「不飲酒戒《ふおんじゅかい》」という。

質問する。

「酒は身体を暖めて冷えをなくし、健康によく、心を喜ばせる。どうして飲まないのだろうか」

答える。

「酒は健康にとってためになることはきわめて少なく、ためにならないところが非常に多い。その理由から飲んではならない。たとえば、おいしい飲物の中に毒が混じっているようなものである。それは、どのような毒であろうか。仏が信者ナンディカに語られたところによると、酒には三十五の過失がある。それらは何か。

一には、現世《げんせ》において財産がすっかりなくなってしまう。なぜならば、酒を飲んで酔うと、心に節度がなくなり、程度を考えずに費用をかけてしまうからである。二には、酒はもろもろの病《やまい》を起こす入口である。三には、争いのもとである。四には、酒に酔えば裸でいても恥ずかしいと思わない。五には、評判が悪く、人に尊敬されない。六には、智慧の働きを覆《おお》い、やがてその働きは影をひそめてしまう。七には、手に入れようとするものも手に入らず、すでに手に入れたものは散失してしまう。八には、秘匿《ひとく》しておくべきことを洗いざらい喋《しゃべ》ってしまう。九には、さまざまのなすべき仕事をやめてしまって、完成することがない。十には、酔いは愁《うれ》いのもととなる。なぜならば、酔っていると失敗することが多く、醒《さ》めてから恥じたり憂《うれ》えたりするからである。十一には、体力が次第に衰える。十二には、肌のつやがなくなる。十三には、父を敬うことを知らなくなる。十四には、母を敬うことを知らなくなる。十五には、道の人を敬わない。十六には、バラモン（真の修行者）を敬わない。十七には、両親の兄弟や目上の人を敬わない。十八には、仏を尊敬しない。十九には、仏の教えを尊敬しない。二十には、修行者の集《つど》いを尊敬しない。二十一には、悪人と仲間になる。二十二には、賢人や善人を疎遠《そえん》にする。二十三には、戒めを破る人となる。二十四には、恥を知らない。二十五には、六つの感官を制御しない。二十六には、色欲に走り、ものごとに精励《せいれい》しない。二十七には、人びとに憎まれ、そのような人に会うことを喜ばない。二十八には、大切にすべき親族や知性ある人びとから鼻つまみになる。二十九には、悪事を行なう。三十には、善い教えを捨ててしまう。三十一には、学者や智者から信用されない。なぜなら、酒は人を怠《なま》け者にさせるからである。三十二には、平安の境地（涅槃《ねはん》のさとり）に至ることを遠ざける。三十三には、精神異常をきたしたり無知になる原因を植えつける。三十四には、死後に悪道や地獄に堕ちる。三十五には、もし次の生存に人間に生まれたとしても、その生活は常に狂気と愚かさに満ちる。

このように、酒には種々の過失がある。だから、酒は飲むべきではない」〔大智度論《だいちどろん》〕

(6) 食生活

① コーサラ国のパセーナディ王が食事を終え、大息をもらしているのを知って、世尊は、次の詩句をもって王に説示された。

「常に正しい思念《しねん》をたもち、適量を知って食物を摂《と》る人は、苦しみは少なく、老いもゆるやかに、寿命も護られる」

〔サンユッタ・ニカーヤ〕

② 求道者が食事を摂るのは、腹の中にいるもろもろの虫を安楽にさせようとするからである。食物の味を貪るのではない。

〔華　厳　経〕

③ 食事の時には、次の五つのことがらを観察せよ。
一には、この食事にどれだけの手がかかり、どのようにして食膳《しょくぜん》にのぼったかを思いめぐらす。

二には、自己のなした行ないが、これをいただくだけの価値のあるものかどうかを思う。

三には、邪《よこしま》な心の発《おこ》ることを防ぎ、すでに犯した過《あやま》ちをくり返さないために、まず第一に食物に対する貪りを離れる。

四には、良薬である食事を摂るのは、まさしく身体の衰弱をいやすためである。

五には、仏道を完成するために、今この食事を受ける。

〔永平清規〕

(7) 動物愛護

① 世尊《せそん》は早朝、内衣をつけ、鉢《はち》と衣をもって、托鉢《たくはつ》のためにサーヴァッティー（舎衛城《しゃえじょう》）に入られた。世尊は、多くの子供たちが、サーヴァッティーとジェータヴァナ（祇陀林《ぎだりん》）との間にいて、杖《つえ》で蛇を殺しているのを見られた。ことの始終を知った世尊は、次の詩句を唱えられた。

「自分の幸福を求めながら、幸福を求めている他の生きものを、杖でたたいて害《そこな》う者は、未来において幸福を得ることはない。

自分の幸福を求めながら、幸福を求めている他の生きものを、杖でたたいて害わない者は、未来において幸福を得る」

〔ウダーナ〕

② 〈神々に愛された王〉の領土内の至るところ、またチョーダ人たち、パンディヤ人たち、サティヤプッタ王、ケーララプッタ王、セイロンのタンバパンニ王、アンティオコスというギリシア人王のいる土地など、これらの辺境諸地方、あるいはアンティオコス王に並ぶ他の諸王の国々の領土内の至るところに、アショーカ王の二種の病院が建てられた。すなわち、人間のための療《りょう》病院と動物のための療病院とである。

また人間に効力があり、動物に効力のある薬草を、それがまったく存在しない地方には、どこへでも輸送させ、栽培させた。またそれの樹根も果実もない地方には、至るところにこれを輸送させ、栽培させた。

〔アショーカ王・摩崖詔勅〕

③　いかなる生物や生類であっても、怯《おび》えているものでも強剛《きょうごう》なものでもことごとく、長いものでも、大なるものでも、中位のものでも、短いものでも、微細《びさい》または粗大《そだい》なもので も、目に見えるものでも、見えないものでも、遠くにあるいは近くに住むものでも、すでに生まれたものでも、これから生まれようと欲するものでも、一切の生きとし生けるものは幸福であれ。

〔スッタニパータ〕

④　西明寺入道時頼《さいみょうじにゅうどうときより》は、まだそのころ開寿殿《かいじゅ》と呼んで九歳であったが、近寄って聖人（親鸞《しんらん》）の耳にそっと耳うちされていうには、

「あのお坊さんたちは、みな魚肉を食べる時、袈裟《けさ》をぬいで食べておられる。善信《ぜんしん》の御房《ごぼう》（親鸞）はどういうわけで、袈裟をつけたままで召上《めしあが》るのか、わたしにはよく判らない」

といわれた。

聖人はいい逃《のが》れることもできなくなって、幼い子供に、このように説明された。

「まれに人間と生まれて、生きものの生命を奪い、その肉味を貪ることは、はなはだ

よくないことである。だから仏の定められた戒律の中でも、この点を厳しく戒めておられる。しかしながら、末法《まっぽう》の五濁《ごじょく》の今日、人びとは仏の戒めを知らないから、これをたもつ者も、また破る者もいない。こういうわけで、髪を剃《そ》り法衣をまとうその姿も、まったく世俗の人びとと心は同じであるから、これらの肉を食べるのである。

だが、同じように食べるくらいなら、その生きものをしてさとりを開かせるようにさせたいと思う。ところが、わたしは釈尊《しゃくそん》の弟子《でし》ということで、釈の名を借りて僧名をつけているものの、心は世俗の塵《ちり》に染《そ》まって、智慧も徳もない。どうして、生けるものたちを救うことができようか。救うことができない以上、袈裟は過去・未来・現在の三世《さんぜ》にわたる仏たちのさとりを開いた標識としての尊い服であるから、せめてこれを着用しながら、生きものの肉を食べるならば、袈裟のもつ尊い働きによって、生けるものたちを救い、功徳を与えようとする願いも果たせると思って、これを着用しながら食べる次第である。

眼に見えぬ神仏の照覧《しょうらん》を仰いで、世の人びとの批判を恐れない態度は、一面、極端な恥知らずのすがたに似ておろう。だが、そうではあっても、わたしの考えるところは、以上述べたとおりである」

〔口伝鈔〕

4　人格を磨く

(1)　克　己

①　自己に打ち勝つ人は賢者であり、自己に負けて悩む人は愚者である。自己の心に打ち勝つならば、かれは万事に打ち勝って、そのものに執《とら》われず、あらゆるものから自由である。自己の心に負けるならば、万事に負けて、そのものに執われ、執われから逃《のが》れることはできない。〔万民徳用《ばんみんとくよう》〕

②　人里離れた森に住みついて、戒《いまし》めをたもって生活することは、大変やさしい。しかし、人びとの住む村の中で、村人の誘惑《ゆうわく》に堪《た》える人は、森の修行者であるあなたよりもはるかに尊い。〔ジャータカ〕

(2) 旅のこころ

① 諸方を行脚《あんぎゃ》することは、嶮《けわ》しい道を過ぎて、身心を清め、悪業《あくごう》の障《さわ》りをなくすという功徳がある。身体が疲れれば、雑念がなくなる。身体が安楽な時は、さまざまの想念が次々と起こり、その想念によって三界火宅《さんがいかたく》の迷いの焔《ほのお》はやむことなく燃えさかる。しかし、雑念が滅すると自己は清浄《しょうじょう》となる。清浄になれば、仏の心に近づく。

したがって国々を廻《めぐ》り、山々を越え、浦々をつたい、大河・小河を渡り、心を清め、霊《れい》寺《じ》・霊社《れいしゃ》に参詣《さんけい》して信心を発《おこ》し、霊性・清浄な気を受けて自己を清める。山川草木珍石に向っても、それらの清浄な気《き》を受けて自己を清める。さまざまな人に触れて自己の非を改め、心を和《やわ》らげ、自他の差別《しゃべつ》がないという道理を知る。心を一処にとどめることなく、あらゆるものに執著《しゅうじゃく》せず、人間の一生はただ浮世《うきよ》の旅であると観じて、樹下・岩山・渓谷・あばらやに臥《ふ》して心を澄ます。捨て身のこころを守って、もっぱら清浄な気を体得するように修行する。

〔麓　草　分〕

(3)　学芸の道

①　風流の道を好む人びとの中から、立派な仏教者が出てくることは、昔も今も変らない。詩を作り、歌をたしなむこと自体は、仏の本旨ではないけれども、このような文芸の道に心ひかれる人は、やがて仏教も好きになり、智慧を具えた者となるから、かれの優しい心遣《こころづか》いも気品にあふれたものとなる。〔明恵上人遺訓〕

②　近代の禅僧は偈頌《げじゅ》を作ったり、法語《ほうご》を書いたりするために文章を好むが、これはまことによろしくないことである。偈頌のかたちに作らなくても、心に思っていることを書き、文筆が整っていなくても、禅の教える本旨を書くべきである。「これは文章が悪い」といって、法語の類などを見ようとしない無道心《むどうしん》の人が、たといよく文筆を整え、立派な秀句《しゅうく》を書いたとしても、ただ言葉ばかりを翫《もてあそ》んで、禅の道理を心得ぬ者である。〔正法眼蔵随聞記〕

(4)　足るを知る

① 汝ら修行者よ、もしもろもろの苦悩から逃《のが》れようと欲するならば、まさに〈知足《ちそく》〉ということを観察すべきである。〈知足〉とは、心がゆたかで安らかな境地のことである。〈知足〉の人は大地に寝ても、安らかである。〈知足〉でない人は天界に住んでも満足しないし、また、富裕であっても、その心は貧しい。〈知足〉の人は、たとい貧乏であっても、その心は富裕である。〈知足〉でない人は常に五種の欲望にひきずられて、〈知足〉の人から憐《あわ》れみの目でみられる。〔遺《ゆい》教経《きょうぎょう》〕

② 生きとし生けるものに差別はなく、世界にも差別はない。谷は山が高いことを羨《うらや》まず、谷であることに満足している。山は谷の深いことを羨まず、山であることに満足している。〔十善法語〕

(5) 人格的自由

① 今日、道を学ぶ者であって、まだ道に達することができない病弊《びょうへい》は、どこにあるのだろうか。それは、みずから自己を信じないところにある。汝がみずからを信ずることができなければ、こせこせして、すべてのことがらにひきずられ、ひきまわされて、自由では

あり得ない。しかし、汝が一瞬一瞬に追い求める心をなくすのならば、仏や祖師たちと同じく、自由の境地にあるのである。

〔臨《りん》済《ざい》録《ろく》〕

② 心中に生じたさとりの働きが、さとったことに執われて、その境地から離れないようであれば、その人は無知の毒海に堕ちこんでしまう。また、そのさとりの働きが言葉をとおして示されれば、当然、多くの人びとを驚かすはずのものなのに、驚かすに足らないものであるならば、世間凡庸《ぼんよう》の言葉でしかなくなってしまう。けれども、心中にひらめいたさとりの働きが、電光石火、一瞬のうちにものの黒と白とを区別し、また、そのひらめきの中に死ぬか生きるかの決着をつけるほどのものならば、かれは全宇宙をいながらにして断ち切り、千仞《せんじん》の断崖絶壁に独《ひと》り立つことができる。

〔碧巌録〕

5　富と労働

(1)　職業観

① いかなる仕事や職業も、みな仏のなすわざである。だから、人それぞれの務めを果たすことによって仏となることができる。いかなる務めといえども、仏のなすわざ以外のものは存在しない。一切の務めがみな世の中のためになる、ということを知るべきである。「仏の身体を受け、仏の本性を具えたものが人間である」という仏法の本旨を見誤って、すき好んで悪道に堕ちこんではならない。

真理そのものが仏となって現われ、その身が百億にも分身して、世界の人びとに利益を与えたもうのである。鍛冶屋《かじや》や大工《だいく》をはじめ、さまざまの職人がいなければ、この世の中の必需品は調達できない。役人がいなければ、治安がたもたれない。農民がいなければ、主食などの食物を摂《と》ることができない。商人がいなければ、自由な経済生活が成り立たない。その他、さまざまな仕事や職業があるがそれらはみな世のためになるものであり、

まったく仏の働きに外ならない。〔職人日用〕

(2)　労　働

①　深い学識あり、技術を身につけ、身を慎むことをよく学び、ことばがみごとであること、これがこよなき幸せである。
父母に仕えること、妻子を愛し護ること、仕事に秩序あり混乱しないこと、これがこよなき幸せである。

よく仕事を処理し、忍耐強く努力する者は財を得る。誠実を尽くして名声を得、何ものかを与えて交友を結ぶ。〔スッタニパータ〕

②　一日、働かなければ、一日、食物を口にしない。〔百丈清規《ひゃくじょうしんぎ》〕

③　人はそれぞれの家に生まれて、人それぞれの道に進むわけであるが、まず、その家業を身につけて励まねばならない、ということを知るべきである。自分の進む道でもなく、また自己の本分でもないものを、そうと知りながら修めるのは、よいことではない。

〔正法眼蔵随聞記〕

(3) 財の蓄積

① 法に従って得た財をもって、母と父とを養《やしな》え。正しい商売を行なえ。努め励んでこのように暮している在家者は、死後に〈みずから光を放つ〉という名の神々のもとに生まれる。

〔スッタニパータ〕

② 修行者たちよ、〈善き人〉でない者が、衣服・食物・臥坐具《がざぐ》・医薬を得て、このように考えた。

「わたしは、じつに衣服・食物・臥坐具・医薬を得た。しかしながら、他の修行者たちは、衣服・食物・臥坐具・医薬をまだ得ていない」

かれは自分の所得によって自己を誇《ほこ》り、他の人びとを軽蔑《けいべつ》した。修行者たちよ、かれは〈善き人〉でない者である。

しかるに、〈善き人〉はこのように思念した。

「得たものによって、貪《むさぼ》りを起こすことは煩悩の滅尽《めつじん》に至らない。また瞋《いか》りを起こすことも煩悩の滅尽に至らない。また迷妄《めいもう》を起こすことも煩悩の滅尽に至らない。たとい、衣服・食物・臥坐具・医薬が得られなくても、みずから正しい教えに随《したが》って修行する者であれば、人びとから尊敬され、尊重されるであろう」

かれは自分の所得によって自己を誇らず、他の人びとを軽蔑しなかった。修行者たちよ、かれはまさに〈善き人〉である。〔マッジマ・ニカーヤ〕

③　もろもろの財や富は無知な人を滅ぼすが、彼岸《ひがん》を求める人は滅ぼされない。無知な人は財や富を欲するために、他の者たちを滅ぼすように、自分自身をも滅ぼす。〔ダンマパダ〕

④　人が「これはわがものである」と考えるもの――それはその人の死によって失われる。わたし〔ブッダ〕に従う人は、賢明《けんめい》にこの理《ことわり》を知って、〈わがもの〉という観念を抱いてはならない。

〈わがもの〉として執著したものを貪《むさぼ》り求める人びとは、憂《うれ》いと悲しみと慳《ものおし》みとを捨てることがない。そのようなわけで、聖者たちは、自己の所有を捨てて行なって、安穏《あんのん》の境地に達したのである。〔スッタニパータ〕

⑤　修行者たちよ、これらが七つの財である。その七つとは何であるか。信心の財、戒律の財、慚財《ざんざい》（罪を恥じいる心の財）、愧財《きざい》（邪な行ないを恐れる心の財）、聞財《もんざい》（教えを聞いて学ぶ財）、捨財《しゃざい》（施しをするという財）、智慧の財である。修行者たちよ、これらが七つの財である。

これらの財ある男性または女性は、貧《まず》しい者ではないといわれ、事実、かれらの生活は空《むな》しくない。

〔アングッタラ・ニカーヤ〕

⑥　ナーガセーナ長老はミリンダ王に語った。

「大王よ、漁夫《ぎょふ》が、小さなもの（小魚や、みみずなど）を殺して餌《えさ》となし、その餌で大きな獲物を得るように、瞑想《めいそう》に専注《せんちゅう》する修行者は、小さな世間的財物を捨てるべきです。大王よ、世間的財物を捨てることによって、瞑想に専注する修行者は、より大きな〈道の人〉の道果《どうか》（さとり）を得るのです」

〔ミリンダ王の問い〕

(4) 富を分かち合う

① おびただしい富があり、黄金があり、食物がある人が、独りおいしいものを食べるならば、これは破滅への門である。

〔スッタニパータ〕

② 世尊は次のように述べられた。

「シャーリプトラよ、求道者は六つの徳目の完成に努めているが、このうち、常に布施の完成を第一と考えて、その実践に努力している。すなわち、生けるものたちを安楽にするために、あらゆるものを施《ほどこ》して、怠《おこた》ることがない。生けるものたちが食物を必要とする時には、食物を与え、飲物が必要な時には、飲物を与える。また乗物、衣服、香水、装身具、住宅、寝具、坐具、燈明《とうみょう》、財物、穀類《こくるい》、宝石、音楽、あるいは護衛などが必要な時には、それらを与える。このように、必要に応じて、かれらにさまざまのものを喜んで施し、生活に乏《とぼ》しいところがないようにしてあげてから、かれらをさとりの道に誘引《ゆういん》するのである」

〔般《はん》若《にゃ》経《きょう》〕

③　曠野《こうや》の旅の道連れのように、乏しい中から分かち与える人びとは、死せるものの間にあって滅びない。これは永遠の理法である。
〔サンユッタ・ニカーヤ〕

Ⅳ 存在と心

1　存在の分析

(1)　作られたものと作られないもの

① あらゆる存在は、大別すれば二種類となる。すなわち、〈汚《けが》れあるもの〉（有漏《うろ》）と〈汚れなきもの〉（無漏《むろ》）とである。

このうち、〈汚れあるもの〉とは、苦《く》・集《じゅう》・滅《めつ》・道《どう》という〈四つの聖なる事実〉（四聖諦《ししょうたい》）中の道という聖なる事実を除くその他の〈作られたもの〉（苦・集）である。

〈汚れなきもの〉とは、道という聖なる事実と三つの〈作られないもの〉とである。それは、空間（虚空《こくう》）と二種類の滅とである。二種類の滅とは何か。それは、〈正しい智慧の力によって得られる滅〉（択滅《ちゃくめつ》）と、〈智慧の力によらなくて得られる滅〉（非択滅《ひちゃくめつ》）とである。

〔倶舎論《くしゃろん》〕

② 三つの〈作られないもの〉のうち、まず空間についていえば、その本性は、なにもの

にも礙《さまた》げられないことである。礙げるものがないから、いろ・かたちあるものは、〈色《しき》、物質〉その中で自由に活動できるのである。〔倶　舎　論〕

③　〈正しい智慧の力によって得られる滅〉とは、汚れあるものの束縛《そくばく》から脱《のが》れることを本性とする。正しい智慧とは、〈四つの聖なる真実〉を次々に観察する智慧のことであり、それによって得られる滅が、〈正しい智慧の力によって得られる滅〉である。〔倶　舎　論〕

④　いかなる未来の存在といえども、それが現在に生起《しょうき》することを絶対に礙げるものが、もう一つの滅、すなわち〈智慧の力によらなくて得られる滅〉である。これは〈正しい智慧の力によって得られる滅〉とは異なる。それでは、どのようにしてそれは得られるのかといえば、それは、間接原因〈縁《えん》〉が欠如することによって得られる。たとえば、心が、眼をもって一つのいろ・かたちあるものに専注している時、他のいろ・かたちあるものや音声や香りや味や触れられるものは過去に去ってしまうから、そこには、それらの五種を対象とする五つの識別作用は未来の位にとどまって、現在に生ずることがない。なぜならば、五つの識別作用は過去に去ってしまった対象を認識することができないからである。したがって、生起すべき間接原因が欠けることによって、そこに、生起することを礙げる

ところの、〈智慧の力によらなくて得られる滅〉が得られる。

〔倶　舎　論〕

⑤　具体的には、どのようなものを〈作られたもの〉というのか。〈作られたもの〉とは、五つの構成要素の集合（五蘊《ごうん》）、すなわち、いろ・かたちあるもの（色《しき》）・感受作用（受《じゅ》）・表象作用（想《そう》）・形成作用（行《ぎょう》）・識別作用（識《しき》）である。多くの原因が集まって作られたものであるから、〈作られたもの〉というのである。ただ一つの原因から生ずるものはあり得ない。

〔倶　舎　論〕

(2)　存在の分類

①　釈尊はこのように説かれた。

「友よ、これらの五つの構成要素の集合（五取蘊《ごしゅうん》）は、かの世尊《せそん》、すなわち智者であり、見る者であり、尊い人であり、正しいさとりを得た人によって正しく説かれた。何が五つであるか。すなわち、いろ・かたちあるものの集合（色取蘊《しきしゅうん》）、感受作用という集合（受取蘊《じゅしゅうん》）、表象作用という集合（想取蘊《そうしゅうん》）、形成作用という集合（行取蘊《ぎょうしゅうん》）、識別作用という集合（識取蘊《しきしゅうん》）、である」

〔マッジマ・ニカーヤ〕

② アーナンダよ、これらの十八の世界（十八界）がある。すなわち、眼という感覚器官（眼界《げんかい》）といろ・かたちという対象世界（色界《しきかい》）と視覚という認識作用（眼識界《げんしきかい》）、耳という感覚器官（耳界《にかい》）と音声という対象世界（声界《しょうかい》）と聴覚という認識作用（耳識界《にしきかい》）、鼻という感覚器官（鼻界《びかい》）と香りという対象世界（香界《こうかい》）と嗅覚という認識作用（鼻識界《びしきかい》）、舌という感覚器官（舌界《ぜっかい》）と味という対象世界（味界《みかい》）と味覚という認識作用（舌識界《ぜっしきかい》）、皮膚という感覚器官（身界《しんかい》）と触れられるものという対象世界（所触界《しょそくかい》）と触覚という認識作用（身識界《しんしきかい》）、心という感覚器官（意界《いかい》）と考えられるものという対象世界（法界《ほっかい》）と識別という認識作用（意識界《いしきかい》）である。

〔マッジマ・ニカーヤ〕

(3) 迷いの世界

① 「シャーリプトラ尊者よ、どのような迷いの世界があるか」
「コーティタ尊者よ、次の〈三つの迷いの世界〉がある。すなわち、〈欲の世界〉（欲《よく》界《かい》）と、〈物質の世界〉（色界《しきかい》）と、〈超物質の世界〉（無色界《むしきかい》）とである」

〔マッジマ・ニカーヤ〕

② 三界《さんがい》の中に五つの趣《おもむ》き住む所があると説かれている。すなわち、地獄という所と畜生という所と餓鬼という所と人間という所と天という所これらが五つの趣き住む所と名づけられる。

〔倶舎論〕

③ シャーリプトラよ、これらに五つの趣き住む所がある。五つとは何か。すなわち、地獄・畜生・餓鬼・人間・天である。

〔マッジマ・ニカーヤ〕

2　存在のむなしさ

(1)　無常・無我

①

世尊はこのように語った。

「修行者たちよ、物質的なものは無常である。無常であるものは苦である。苦であるものは非我である。非我なるものはわがものではない。これはわれではない。これはわがアートマン（自己）ではない。このように正しい智慧をもって、ありのままに観察すべきである。

感受作用は……（乃至）……。

表象作用は……（乃至）……。

形成作用は……（乃至）……。

識別作用は無常である。無常であるものは苦である。苦であるものは非我である。非我なるものはわがものではない。これはわれではない。これはわがアートマンではない。このように正しい智慧をもって、ありのままに観察すべきである」

〔サンユッタ・ニカーヤ〕

②

シャーリプトラはこのように語った。

「修行者たちよ、如来《にょらい》（人格完成者、ここでは釈尊のこと）がこの世に出現しても、あるいは出現しなくても、かの真理の世界・真理の遍在性・真理の規範性は不動であり、またすべて作られたものは無常である。如来はこれをさとり、観察する。さとり終わり、観察し終わって、人びとに〝すべて作られたものは無常である〟と説明し、説示し、方便《てだて》を設けて説き、開示し、分析し、明白ならしめる。

修行者たちよ、如来がこの世に出現しても、あるいは出現しなくても、かの真理の世界・真理の遍在性・真理の規範性は不動であり、またすべて作られたものは苦である。如来はこれをさとり、観察する。さとり終わり、観察し終わって、人びとに〝すべて作られたものは苦である〟と説明し、説示し、方便を設けて説き、開示し、分析し、明白ならしめる。

修行者たちよ、如来がこの世に出現しても、あるいは出現しなくても、かの真理の世界・真理の遍在性・真理の規範性は不動であり、またすべて作られたものは非我である。如来はこれをさとり、観察する。さとり終わり、観察し終わって、人びとに〝すべて作られたものは非我である〟と説明し、説示し、方便を設けて説き、開示し、分析し、明白ならしめる」

〔アングッタラ・ニカーヤ〕

③　モッガラーナは語った。
「じつに、作られたものは無常である。それらは、生起と消滅を性質とする。そして、生じては滅びる。それらの寂滅《じゃくめつ》は、安楽である」

〔テーラ・ガーター〕

(2)　存在は幻

①　すべて作られたものは、夢・幻・泡・影のごとく、露のごとく、稲妻のごときものである。
〔金《こん》剛《ごう》経《きょう》〕

②　もろもろの物質は、いろ・かたち（色）という要素から作られている。物質として現われたものは、幻のごとく空《くう》無《む》のものである。また、物質が場所を占《し》める空間も、実在するものではない。あらゆる存在は、幻のごときものである。たとえば、手品師が衆人の集

まる街角で、さまざまなすがたを作って見せると、見物人たちは大いに喜ぶけれども、それらの作りだされたすがたは、実在のものでない、というようなものである。〔華《け》厳《ごん》経《きょう》〕

(3) 存在は空

① およそ、そこに無いものそれについてその空《くう》を遍《あま》ねく観察する。そしておよそそこに残れるものがあれば、その存在するものを「これがある」と知る。〔マッジマ・ニカーヤ〕

② 真実の立場からいえば、諸仏と生きとし生けるもの（有情《うじょう》）とは、実体として生起《しょうき》したのでもなく、また消滅したのでもないから、あたかも虚空のように、その本質が同一である。

また移り変わるもの（諸行）は、かの世においてもこの世にあっても、実体として生じたものではなく、条件によって生じたものである。移り変わるものは、まさしく空であり、全知者のみよく知りうるところである。〔大乗二十頌論《だいじょうにじゅうじゅろん》〕

3 存在と心

(1) すべては心より生じる

① 諸事象は意《こころ》に支配され、意を主とし、意よりなる。もし人が汚れた意で語り、また行なえば、そのためにかれに苦しみが従うこと、あたかも車輪が引きつつあるもの〔牛〕の足に従ってくるようなものである。

諸事象は意に支配され、意を主とし、意よりなる。もし人が清く澄んだ意で語り、また行なえば、そのためにかれに楽しみが従うこと、あたかも影が形に従って離れないようなものである。〔ダンマパダ〕

② たとえば、種々の画《え》が、巧《たく》みな画家によって画《えが》かれるように、ありとあらゆる存在は、心によって画き出されている。画心は画そのものではなく、画は画心そのものではない。心はあらゆる存在ではなく、あらゆる存在は心ではない。しかし、画心を離れて画がない

ように、心を離れてあらゆる存在はない。心は広大で測《はか》り知ることができず、あらゆる存在を画き出しながら、心と存在とはたがいに知ることがない。

心のように、仏もまたそうであり、仏のように、生けるものたちもまたそうである。心と仏と生けるものたちは、たがいに無差別で平等であり、たがいに尽きることがない。

〔華　厳　経〕

③　月影のいたらぬ里はなかれどもながむるひとのこころにぞすむ

〔勅修御伝《ちょくしゅごでん》〕

④　妄想《もうぞう》が尽きて心が澄めば、あらゆる事象は平等に現われる。あたかも、大海は風によって波立つけれども、風がやめば海水は清らかに澄み、いかなる事象でも映し出されないものはない、というようなものである。

〔妄尽還源観《もうじんげんげんかん》〕

⑤　心の海は静まり、波立っていない。ところが、迷いの心の風が吹くために、心に波風が立つ。愚者は幻のごとき存在である男女の区別に眼がくらみ、仏教以外の異端《いたん》の教えを奉ずる者は、蜃気楼《しんきろう》のごとき実体性のないこの世のものに、執《とら》われている。天国にしても

地獄にしても、みずからの心が創り出したものであるということを認識しないでいる。これでは、いかにして心の迷いを取り除くことを知ることができようか。

布施《ふせ》・持戒《じかい》・忍辱《にんにく》・精進《しょうじん》・禅定《ぜんじょう》・智慧《ちえ》という六つの徳目の完成に向かってあらゆる行を積み、無限に永い間にわたってくり返し修め、かくて求道者《ぐどうしゃ》がさとりに到達する五十二の修行段階の一々が、みな自己の〈一心〉の中に展開する。さとりの妨《さまた》げとなる情的な煩悩《ぼんのう》と知的な煩悩とを断じ尽くせば、さとりと安らぎが自分の財となる。〔秘蔵宝鑰《ひぞうほうやく》〕

(2)　存在は心の現われ

①　詩句にいう。

このもろもろの〈識〉が転変《てんぺん》して、分別《ふんべつ》と所分別《しょふんべつ》とになる。

これによってかれはすべてない。したがって、一切はただ、〈識〉のみである。

これを説明していう。

このもろもろの〈識〉とは前に説いた〈三種の変化する識〉（アーラヤ識・マナ識・六識）とその中の作用とである。すべてこれらの〈識〉は、認識主体の心作用と認識される客体の形相との二つに変現《へんげん》するから、そのことを転変という。そして、変現された認識主体の心作用を分別と名づける。これは客体の形相を認識するものであるから。一方、変現された客体の形相を所分別と名づける。これは認識主体の心作用によって認識されたものであるから。

以上の正しい道理によって、精神的存在（我《が》）と物質的存在（法《ほう》）とは、〈識〉の変現したものを離れては、すべて実在のものではない。なぜならば、あらゆるものは、認識する主体と認識される客体とを離れて、それ以外のものではないからであり、また、あらゆるものは、認識する主体と認識される客体とを離れて、そのものの存在があり得ないからである。それ故に、あらゆる作られたものと作られないものとは、それが実在するものであれ、仮《かり》に施設されたものであれ、みな〈識〉を離れて存在するものではない。

〔成唯識論《じょうゆいしきろん》〕

②　風に吹かれて幡《はた》がひらめいているのを見て、二人の僧が論じ合った。一人は、〝幡が動いているのだ〟といい、他の一人は、〝風が動いているのだ〟と反論した。両者の言い分はどちらも道理にかなっていないので、六祖慧能《えのう》禅師は、こう説いた。

「これは、風が動くのでもなく、幡が動くのでもない。ただ、おまえたちの心が動いているのだ」

〔無《む》門《もん》関《かん》〕

③　山河大地、日月星辰《せいしん》、これが心である。
〔正法眼蔵《しょうぼうげんぞう》〕

④　あらゆる存在が分別の所産に他ならないことを把握する〈分別を超えた智慧〉をもつ求道者たちは、すでにさとりを体得した者といわれる。
〔大乗荘厳経論《だいじょうしょうごんぎょうろん》〕

⑤　心の現われが〈三界《さんがい》〉である。〈三界〉といっても空《くう》なるものであるから、どこに心というものを求め得ようか。仰いで青山を望めば白雲をいただいて聳《そび》えており、俯《ふ》して渓谷を見れば、流泉の音が琴の調べを奏《かな》でている。一曲また一曲、いずれの曲も聴く者の理解を超えている。ただ、あたかも雨後の池の堤《つつみ》に水があふれているように、そのままを無心に聴くのみである。
〔碧巌録《へきがんろく》〕

(3)　心の深層

①　〈阿頼耶識《あらやしき》〉は、断滅のものであるのか、それとも常住のものであるのか。
それは断滅のものでもなく、また常住のものでもない。常に転ずるからである。

「常に」とは、この識は永遠の昔から、同一種類のものとして相続し、常に断絶することがないということである。

「転ずる」とは、この識は永遠の昔から、刹那《せつな》刹那に生じては滅して、前と後とで変化するということである。

このように、「常に」という言葉によって、断滅のものであるということが否定され、「転ずる」という言葉によって、常住のものではないということを表わす。つまり〈阿頼耶識〉は瀑流《ぼる》のようなものである。〔成唯識論〕

② 〈阿陀那識《あだなしき》〉という識は、きわめて意味の深いものであり、精妙にして認識しがたいものであって、その中に蔵《おさ》められているあらゆる存在の種子《しゅうじ》は、あたかも瀑流のような様相を呈している。わたしは凡夫や愚者に対して、これを説き示さない。なぜならば、かれがこの識に執著《しゅうじゃく》して、「これが自我である」と考えることを恐れるからである。〔解深密経《げじんみっきょう》〕

③ 広慧《こうえ》よ、たとえば、大瀑流の流れを見ると、一つの波の生ずる条件があれば、ただ一つの波が生じ、また二つあるいは数多くの波の生ずる条件があれば、二つあるいは数多くの波が生ずる。しかも、瀑流の水は同じ水として常に流れ、絶えることなく尽きることが

ない。また、たとえば、清浄な鏡の面に、一つの影像の生ずる条件があれば、ただ一つの影像が生じ、また二つあるいは数多くの影像の生ずる条件があれば、二つあるいは数多くの影像が生ずる。しかも、この鏡の面が変化して影像となるのではなく、また鏡の働きが滅してしまうこともない。

広慧よ、このように瀑流に似た〈阿陀那識〉をよりどころとして、眼の識別作用の生ずる条件があれば、そこに眼の識別作用が生じ、また他の二つあるいは五つの識の生ずる条件があれば、二つあるいは五つの識が生ずる。〔解深密経〕

(4) 心の清らかさ

①　世尊はこのように語った。

「修行者たちよ、この心は明浄である。これはまた、外来的な汚《けが》れによって種々に汚されている。いまだ学ばない凡夫《ぼんぷ》は、それをありのままにさとらない。だから、〝いまだ学ばない凡夫は、心を修養《しゅうよう》していない〟と、わたしはいう。

修行者たちよ、この心は明浄である。これはまた、外来的な汚れから解脱《げだつ》している。すでに学び終えた聖なる弟子は、それをありのままにさとる。だから、〝すでに学び終

えた聖なる弟子は、心を修養する〟と、わたしはいう」　〔アングッタラ・ニカーヤ〕

② たとえば、濁った水が澄む時、清浄《しょうじょう》なるものが新たに他からやってきて、澄んだ水となるのではなくて、ただ汚濁《おじょく》の除かれた水がそのままそこに存在するのみである。

それと同じ関係が、自心の清浄についてもいわれる。すなわち、心の本性は、本来清浄であるけれども、常に外来的な汚れのために汚されるといわれる。しかしながら、心の本性の中に他の心の清浄を入れ替えて、清浄を得るというのではない。〔大乗荘厳経論〕

③ その本性が清浄・円明《えんみょう》である心の本体は、聖者の体にあっても増さず、凡夫の身にあっても減じない。また、本体が隠れていると顕われているとの違いはあっても、本体そのものにはかわりはない。煩悩がこれを覆《おお》ってしまうと隠れるが、智慧がこれを明らかにさとればたちまち顕われる。心の本体は、これを生起させる原因によって生ずるというものではない。それは、燈火が事物を照らし出す原因であるように、智慧を原因として顕わにされるものなのである。〔妄尽還源観〕

(5) 心と仏性

①

この時、師子吼《ししく》菩薩が、仏に質問していう。

「世尊よ、仏と〈仏性《ぶっしょう》〉（仏となる可能性）の間に差別《しゃべつ》がないとするならば、すべての人びとは、どうして道を修める必要がありましょうか」

仏は答えていう。

「良家の青年よ、おまえの質問は、道理にかなっていない。仏と〈仏性〉の間に差別がないというけれども、あらゆる人びとにとって〈仏性〉が具わっているわけではない。良家の青年よ、たとえば、ある人が悪心を起こして母を害《そこな》い、害い終わっても後悔しないとする。ところで、たといこの者の身《しん》・口《く》・意《い》の三種の行ないが善なるものであっても、かれを地獄の人と名づけるようなものである。なぜならば、この者は、必ず地獄に堕《お》ちる定めをもっているからである。また、たといかれが地獄に堕ちることがないとしても、やはり、地獄の人と名づけられる。したがって、わたしはいろいろの教説の中で、このように説いている。

〝もしも、善を修めている者を見るならば、そこに天人を見るといい、悪を修めている者を見るならば、そこに地獄を見るという。なぜならば、これらの人びとは、必ず善悪の行為の報いをみずから受けるからである。

良家の青年よ、あらゆる人びとは、最高のさとりを得ることができるから、わたしは〝すべての人びとには、ことごとく〈仏性〉がある〟と説くのである。だが、すべての人びとにとって、いまだ、仏が具えているような三十二の身体的特徴や八十種の付随的特徴は存在しない。この理由によって、わたしはこの『経』において、次の詩句を説く。

〝本来的には存在して、今は存在しないという説、本来的に存在しないで、今は存在するという説、過去・未来・現在の三世《さんぜ》にわたって実在するという説、これらは道理に合わない〟

良家の青年よ、〈有《う》〉という概念には三種類がある。第一は、未来有《みらいう》。第二は、現在有《げんざいう》。第三は、過去有《かこう》。すべての人びとは、未来世《みらいせ》において、まさに最高のさとりを得るであろう。これを〈仏性〉と名づける。すべての人びとは、現在、さまざまな煩悩に縛られているから、三十二の身体的特徴や八十種の付随的特徴を具えていない。けれども、もし過去世《かこせ》において煩悩を断じたとするならば、現在において〈仏性〉をさとることができる。このような道理に基づいて、常にわたしは〝すべての生けるものたちには、ことごとく〈仏性〉があり、一闡提《いっせんだい》（イッチャンティカ）にも、同じく〈仏性〉がある〃と説く。一闡提とは、仏となる善の因《たね》をもたない者である。〈仏性〉も善の因ではあるが、これは未来に得られるものである。だから、一闡提の人びとにも〈仏性〉がある。なぜならば、かれらは、いつか必ず、最高のさとりを達成することができるからである」〔大般涅槃経《だいはつねはんぎょう》〕

② 近くにありながら認識しがたいものは、自己の心であり、微細でありながら全宇宙に遍在するのは、自己の仏である。自己の仏は思議しがたく、自己の心は広大なるものである。

奇なるものの中で最も奇なるもの、絶妙なるものの中で最も絶妙なるものは、ただ自己の心の中の仏である。〔秘蔵宝鑰〕

③ 心は、まったく、生きとし生けるものに外《ほか》ならない。生きとし生けるものはみな〈有《う》仏性《ぶっしょう》〉である。草木国土《そうもくこくど》は心であり、心であるので生きとし生けるものであり、生きとし生けるものであるので〈有仏性〉である。日月星辰《にちげつせいしん》は心であり、心であるので生きとし生けるものであり、生きとし生けるものであるので〈有仏性〉である。〔正法眼蔵〕

④　釈尊《しゃくそん》のいわれた「一切の衆生《しゅじょう》はことごとく仏性あり」ということは、禅宗でいう「すべては、この仏性がこのように現われたものである」ということを説いたものである。仏教では、生けるものたちを「衆生」とか、「有情《うじょう》」とか、「群生《ぐんじょう》」とか、「群類《ぐんるい》」などというが、「ことごとく仏性あり」とは、その「衆生」のことであり、それはあらゆる存在者のことである。つまり、「あるものことごとくが仏性」（悉有《しつう》は仏性）であり、「ことごとくある」（悉有）その一全体が、「衆生」なのである。まさしくそうであるならば、「衆生」の内（主体）も外（主体をとりまく環境）も、そのまま〈仏性〉として「ことごとくある」のである。

〔正法眼蔵〕

⑤　趙州和尚《じょうしゅうおしょう》に僧が問うた。

「犬にも仏性がありますか」

趙州和尚は答えた。

「無《む》！」

無門《むもん》和尚はこの公案《こうあん》（禅の真髄を示す文）の真義を明らかにして、このようにいう。

「いやしくも禅の修行に志す者は、この〈無《む》〉字《じ》の公案を見破らねばならない。

三百六十の骨節、八万四千の毛穴もいっしょにして、この全身全霊を投げ打って、〈無〉字とは何かの疑問を起こして、ひたすら〈無〉字に専念せよ。そして、昼も夜も一瞬たりとも〈無〉字を放さないで、〈無〉字とは虚無《こむ》のことだと思ってはならないし、また、有無相対の無とか、あるいは絶対の無とかと頭で考えてはならない」

〔無門関〕

V 知識と智慧

1　知るということ

(1)　ものへの執われ

①　存在を認識し、弁別《べんべつ》することによって生ずる執著は、現在の外界から生ずる種々の作用に基づいているから、身体が生ずると同時に起こるものではない。必ず、邪《よこしま》な教えや誤った認識によって、存在への執著が起こる。それ故に、この種の執著を〈分別《ふんべつ》〉と名づける。〔成唯識論《じょうゆいしきろん》〕

②　存在界のすがたは、第一義からすれば、同と異などの相対・差別のすがたを離れている。それなのに、もしわれわれが相対・差別のあるものと考えるならば、存在のありのままのすがたを正しくとらえるということにはならない。そのために、人びとは存在の差別相に縛《しば》られ、あるいは重い煩悩に縛られている。それ故に、存在のありのままのすがたをさとるために、止観《しかん》（心を専注させ、智慧の働きを起こして対象を観察する行）を修《おさ》めるこ

とに努めよ。それによって、煩悩の束縛から離れて自由の身となるであろう。〔解深密経《げじんみっきょう》〕

(2)　言葉の働き

①　須菩提《しゅぼだい》は問う。

「どのようなものを〈衆生《しゅじょう》〉と名づけるのですか。あなたの意見を聞かせてください」

帝釈天《たいしゃくてん》は答える。

「〈衆生〉と名づけるようなものは存在しない。ただ仮《かり》に名称を使って〈衆生〉というだけです。この〈衆生〉という名称さえも実在せず、まして名称によって意味されるものも実在しないのです。だから、しいて呼ぶとすれば、〈衆生〉という名称をもって呼ぶだけです」〔般若経《はんにゃきょう》〕

②　汝は、ものが空《くう》であるということの意味を確かめずに、「わたしの〈言葉〉に実体がないから、ものの実体は否定されない」といって、非難している。ところで、ものが他のものによって存在していることこそが、空性《くうしょう》なのである。なぜならば、実体をもたないからである。けだし、他のものによって生じているものは、実体をもって存在しているので

はなく、それらには実体性がないからである。なぜならば、それらのものは質料因《しつりょういん》や補助《ほじょ》因《いん》に依存しているからである。もし、ものが実体として存在するならば、質料因と補助因とを取り除いてしまっても、それは存在するであろう。しかしながら、実際、そのような場合には、ものは存在しない。したがって、ものは実体のないものであり、実体がないから空であると説かれるのである。そこで、わたしの〈言葉〉さえも、他のものによって生じたものであるから実体がなく、実体がないから空であるということになる。

しかしながら、車・壺《つぼ》・布などは、他のものによって生じたものであるから実体として空であるけれども、木や草や土を運んだり、蜜《みつ》や水やミルクを盛ったり、寒さや風や暑さから人を保護するという、それぞれの作用をする。それと同様に、わたしの〈言葉〉も、他のものによって生じたものであるから、実体のないものであるけれども「ものには実体がない」ということを証明する作用をする。それ故に、汝が「わたしの〈言葉〉に実体がないから空であり、それが空であるから、その〈言葉〉によって、すべてのものの実体を否定することはできない」というのは、正しくない。

〔廻《え》諍《じょう》論《ろん》〕

③　アーナンダは語った。

「自己を苦しめることにならない言葉をこそ、人は語るべきである。また、自己の語った言葉によって、他人を傷つけるべきではない。そうした言葉こそ、よく語られた言葉である。

他人が聞いて喜ぶ言葉、すなわち好ましい言葉こそ、人は語るべきである。他人の悪を取りあげないで語るのが、好ましい言葉である。

不滅の言葉こそ、真実である。これは、いにしえからの真実である。心の静まった人は、真実と道理と真理の上に安立《あんりゅう》するといわれる。

安らぎに達するために、そして苦しみを終滅させるために、ブッダの語られた安穏《あんのん》な言葉、これこそが、言葉のうちの最上のものである」〔テーラ・ガーター〕

④　存在しないものの否定は、〈言葉〉がなくても成立するから、「すべてのものは実体をもたない」というわたしの〈言葉〉は何の用をなすのか、と汝はいう。それに対して、われわれはこのようにいおう。

この「すべてのものは実体をもたない」という〈言葉〉は、じつに、すべてのものを実体のないものに作り替えるのではなくて、もともと実体がない時に、そのものは実体をもたない、ということを知らしめるのである。

たとえば、デーヴァダッタが家にいないのにもかかわらず、ある人が「デーヴァダッタは家にいる」という。これに対して、その時、他のだれかが「デーヴァダッタは家にいない」と答えるとしよう。

この場合、「いない」という〈言葉〉は、デーヴァダッタが存在しないということを作り出すものではなくて、ただ、デーヴァダッタが家にいないことを知らせるだけのものである。それと同様に、「ものに実体はない」という〈言葉〉も、ものに実体がないという事実を作り出すのではなくて、すべてのものに実体がないことを知らせるだけのものである。

〔廻諍論〕

⑤　およそ、真理というものについて論じていくと、世俗《せぞく》のことがらから離れたものとなる。また世俗のことがらに従って論じていくと、それは真理から遠ざかったものとなってしまう。後の場合は、真理に背《そむ》くからして、ものごとの本性に迷い、そこに立ち戻れない。また前の場合は、世俗のことがらにさからい離れるからして、言葉は淡《あわ》く、味けないものとなる。

〔肇《じょう》論《ろん》〕

(3) 知識と無知

① もっぱら知識・学問を事とする文字法師《もんじほうし》は、鸚鵡《おうむ》のように人びとに対して教えを説くことができる。しかしながら、人の心というものがない。〔興禅護国論《こうぜんごこくろん》〕

② 知っているところがあれば、必ず知らないところがある。だが、道をさとった聖者の心は、相対的な知識を超えた、無知の知であるから、知らないものは何一つない。無知の知を、そこで全知者（仏）の智慧《ちえ》という。〔肇　論〕

③ ミリンダ王は問う。
「尊者ナーガセーナよ、まだ涅槃《ねはん》を得ていない者が、〝涅槃は安楽である〟ということを知っているでしょうか」

「大王よ、そうです。まだ涅槃を得ていない者が、〝涅槃は安楽である〟ということを知っているのです」

「尊者ナーガセーナよ、どうしてまだ涅槃を得ていない者が、〝涅槃は安楽である〟

ということを知っているのですか」

「大王よ、あなたはどうお考えになりますか。手足をまだ切断されたことのない人びとが、〃手足を切断することは苦である〃ということを知っているでしょうか」

「尊者よ、そうです。かれらは知っているでしょう」

「どうして知っているのですか」

「尊者よ、他人が手足を切断された時の悲痛《ひつう》な声を聞いて、〃手足が切断されることは苦である〃ということを知るのです」

「大王よ、それと同様に、まだ涅槃を得ない人でも、涅槃を体得した人びとの声を聞いて、〃涅槃は安楽である〃ということを知るのです」

「もっともです。尊者ナーガセーナよ」

〔ミリンダ王の問い〕

2　真理を捉える

(1)　真理の観察

①

釈尊はこのように語った。

「〝修行者たちよ、善にして、尊《とうと》く、出離《しゅつり》を得させ、さとりに導く真理の教えがある。修行者たちよ、汝《なんじ》らが、善にして、尊く、出離を得させ、さとりに導く真理の教えを聞くのは、なに故であるか〟と、もしも汝らに問う者があるならば、修行者たちよ、かれらに対して、次のように答えるべきである。――

〝二種ずつの真理をありのままに知ろうとするためである〟と。では、汝らのいう二種とは何であるかというならば、〝これは苦しみである。これは苦しみの原因である〟というのが、一つの観察である。〝これは苦しみの止滅《しめつ》である。これは苦しみの止滅に導く道である〟というのが、第二の観察である。修行者たちよ、このように二種を正しく観察して、怠《おこた》らず、努め励んで、専心している修行者にとっては、二つの果報《かほう》のうちのいずれか一つの果報が期待される。すなわち、(1)現世《げんせ》において開くさとりという果報か、(2)あるいは煩悩《ぼんのう》の残りがあるならば、この迷いの生存に戻らないという果報である」

〔スッタニパータ〕

② 〈観〉とは、諸事象に共通の特相を取りあげて、それをくり返し観察し、そこに現われたものを観察の対象とする〈観察の智慧〉をいう。

〔清浄道論《しょうじょうどうろん》〕

③ 貪《むさぼ》りを捨てるために不浄観《ふじょうかん》を修すべきである。瞋《いか》りを捨てるために慈悲観《じひかん》を修すべきである。考察作用を滅ぼすために数息観《すそくかん》を修すべきである。自我《じが》のうぬぼれを根絶するために無常観《むじょうかん》を修すべきである。

〔ウダーナ〕

(2)　真理と実践

① 世尊《せそん》によって善く説かれた〈法〉とは、現にこの身でさとられるもの、時間を超えたもの、「来て見よ」のもの、安らぎ（涅槃《ねはん》）に導くもの、智者によってみずからさとられ

るものである。

〔マッジマ・ニカーヤ〕

②　シャーリプトラはこのように語った。

「尊者たちよ、すべての善き法は、〈四つの聖なる真実〉（四聖諦《ししょうたい》）に収められる。その四つとは、(1)すべてのものは苦しみに他ならず、苦しみこそが真実であるとする苦《く》諦《たい》、(2)その苦しみの原因である愛執《あいしゅう》が真実であるとする集諦《じったい》、(3)愛執に基づく苦しみを滅尽《めつじん》した境地が真実であるとする滅諦《めったい》、(4)苦しみの滅尽に導く実践道が真実であるとする道諦《どうたい》である」

〔マッジマ・ニカーヤ〕

③　世尊はこのように語った。

「修行者たちよ、何が〈苦しみという聖なる真実〉であるか。

生まれも苦であり、老いも苦であり、病《やまい》も苦であり、死も苦であり、憂《うれ》いも、悲しみも、苦しみも、悩みも、悶《もだ》えも苦であり、愛しくない者に会《いと》うことも苦であり、愛しい者と別離《べつり》することも苦であり、欲するものが得られないことも苦である。要約していうならば、執著《しゅうじゃく》による五つの集まり（五取蘊《ごしゅうん》）は苦である。修行者たちよ、これを〈苦しみという聖なる真実〉という。

修行者たちよ、何が〈苦しみの生起の原因という聖なる真実〉であるか。

無知によって生活作用（行為・経験）があり、生活作用によって識別作用があり、識別作用によって名称と形態（人格的個体）があり、名称と形態によって六つの感覚機能があり、六つの感覚機能によって対象との接触があり、対象との接触によって感受作用があり、感受作用によって愛執があり、愛執によって執著があり、執著によって生存があり、生存によって生まれがあり、生まれによって老・病・死・憂い・悲しみ・苦しみ・悩み・悶《もだ》えがある。このようにして、この苦しみの全集合が存在する。修行者たちよ、これを〈苦しみの生起の原因という聖なる真実〉という。

修行者たちよ、何が〈苦しみの止滅という聖なる真実〉であるか。

無知が残りなく滅するが故に、生活作用が滅する。生活作用が滅するが故に、識別作用が滅する。識別作用が滅するが故に、名称と形態が滅する。名称と形態が滅するが故に、六つの感覚機能が滅する。六つの感覚機能が滅するが故に、対象との接触が滅する。対象との接触が滅するが故に、感受作用が滅する。感受作用が滅するが故に、愛執が滅する。愛執が滅するが故に、執著が滅する。執著が滅するが故に、生存が滅する。生存が滅するが故に、生まれが滅する。生まれが滅するが故に、老・病・死・憂い・悲しみ・苦しみ・悩み・悶えが滅する。このようにして、この苦しみの全集合が止滅する。修行者たちよ、これを〈苦しみの止滅という聖なる真実〉という。

修行者たちよ、何が〈苦しみの止滅に導く道という聖なる真実〉であるか。

これは〈八つの聖なる道〉（八正道《はっしょうどう》）である。すなわち、正しい見解・正しい思惟《しゆい》・正しい言葉・正しい行為・正しい生活・正しい努力・正しい念《おも》い・正しい心統一をいう。修行者たちよ、これを〈苦しみの止滅に導く道という聖なる真実〉という」

〔アングッタラ・ニカーヤ〕

④

シャーリプトラはこのように語った。

「尊者たちよ、無知とは何か。無知の原因とは何か。無知の滅尽《めつじん》とは何か。無知の滅尽に導く道とは何か。

尊者たちよ、苦しみを知らず、苦しみの原因を知らず、苦しみの滅尽を知らず、苦しみの滅尽に導く道を知らない。これを無知という。煩悩の汚《けが》れの生起より、無知の生起がある。煩悩の汚れの滅尽より、無知の滅尽がある。かの〈八つの聖なる道〉が無知の滅尽に導く道である」

〔マッジマ・ニカーヤ〕

(3) 二種の真理

① 人びとの能力に従って教える勝れた教授法として、〈世間的真理〉と〈究極的真理〉との二種が世尊により説かれている。世俗の立場を超えた人が認識するものを〈究極的真理〉と名づけ、世俗の人が認識するものを〈世間的真理〉と名づける。

たとえば、五つの構成要素が集まって人格的個体を形成し、その人を何某《なにがし》と名づけ、その呼び名に従って、われわれ凡夫《ぼんぷ》はかれを認識する。一方、世俗の認識を超えた人は〈五つの構成要素の集合〉である人格的個体には、何某という名称は存在せず、またその〈五つの構成要素の集合〉である人格的個体を離れて、別に何某という名称も存在しないと理解する。このように、世俗の認識を超えて、事物の本性とその真のすがたを正しくさとらせるのを、〈究極的真理〉の教えと名づける。〔大般涅槃経《だいはつねはんぎょう》〕

② 詩句に説いていう。

仏たちは、二種の真理によって世間の人びとに法を説かれる。一つは、〈世間的真理〉であり、他の一つは、〈究極的真理〉である。

もし人が、この二種の真理を区別することができないならば、深遠《しんえん》な仏法において、その真実の意味を理解しないことになる。

〈世間的真理〉とは、本来、あらゆる存在の本性は、実体がなく空《くう》であるけれども、世間の人びとにおいては、顚倒《てんどう》したものの見方をするために、そこに虚妄《こもう》の存在が生じてくる。この事実は、世間における真実である。一方、聖者たちは、世間の人びととの顚倒したものの見方の本性を知っているから、あらゆる存在はすべて、実体がなく空であり、生ずることなく滅することもないと識知する。これが聖者たちにおける〈究極的真理〉であり、真実である。

仏たちは、この二種の真理によって、世間の人びとに法を説かれる。もし人が、ありのままにこの二種の真理を区別することができなければ、深遠な仏法において、その真実の意味を理解しないことになる。

もしある人が反論して、「あらゆる存在は生ずることなく滅することもない、ということが〈究極的真理〉であるならば、さらに〈世間的真理〉を必要としないではないか」というならば、そうではない。なぜならば、もしも、〈世間的真理〉によらなければ、〈究極的真理〉を把握《はあく》することはできないし、〈究極的真理〉を把握することができなければ、さとりの境地《きょうち》である涅槃《ねはん》を得ることはできないからである。

〈究極的真理〉はすべて、言葉によって表現される。言葉は〈世間的真理〉である。したがって、もし〈世間的真理〉によらなければ、〈究極的真理〉を説くことはできない。もし〈究極的真理〉を把握することができなければ、どうして、さとりの境地である涅槃に到達できようか。

それ故に、あらゆる存在は生ずることも滅することもないけれども、しかも、仏たちは二種の真理が存在すると説かれる。〔中《ちゅう》論《ろん》〕

③　仏法と世間法とは、等しくて差別がない。世間法は仏法に入り、仏法は世間法に入る。仏法と世間法はたがいに相入し、雑乱することがないし、世間法が仏法を破壊することもない。真実の世界は破壊することができないからである。〔華《け》厳《ごん》経《きょう》〕

④　わたしが説く〈究極的真理〉とは、聖者たちが、各自の内心《ないしん》においてさとるものである。一方、思慮分別《しりょふんべつ》の対象は、相対界のものであって、凡夫たちがたがいに認識し合うものである。したがって、法涌《ほうゆ》よ、この道理からして〈究極的真理〉は、あらゆる思慮分別の領域を超えたものと知るべきである。

また次に、法涌よ、わたしが説く〈究極的真理〉とは、無相《むそう》の絶対界である。他方、思慮分別は、有相《うそう》の相対界にだけ働く。したがって、法涌よ、この道理からして〈究極的真理〉は、あらゆる思慮分別の領域を超えたものと知るべきである。

また次に、法涌よ、わたしが説く〈究極的真理〉とは、言葉によって表現することができない。他方、思慮分別は、言葉によって表現できる領域だけを対象とする。したがって、法涌よ、この道理からして〈究極的真理〉は、あらゆる思慮分別の領域を超えたものと知るべきである。

また次に、法涌よ、わたしが説く〈究極的真理〉とは、あらゆる表示を絶したものである。他方、思慮分別は、表示できる領域だけを対象とする。したがって、法涌よ、この道理からして〈究極的真理〉は、あらゆる思慮分別の領域を超えたものと知るべきである。

また次に、法涌よ、わたしが説く〈究極的真理〉とは、あらゆる論議を絶したものである。他方、思慮分別は、論議の領域だけを対象とする。したがって、法涌よ、この道理からして〈究極的真理〉は、あらゆる思慮分別の領域を超えたものと知るべきである。

〔解深密経〕

⑤　〈究極的真理〉は、言葉による表現の道をすべて絶ち、心作用の対象となり得ないものである。

〔維《ゆい》摩《ま》経《ぎょう》〕

(4)　時間とは何か

① 未来を尽くすところの限りない時間も、一瞬の時間にすぎない。

〔華厳経〕

② もし現在と未来が、過去に相待してあるとすれば、現在と未来は、過去時のうちにあることになるであろう。

また、もし現在と未来が、過去にないとしたならば、現在と未来は、どうしてそれに相待して存在するのか。

さらに、過去に相待しなければ、現在と未来の成立はない。だから、現在と未来の時は認められない。

〔中《ちゅう》論《ろん》頌《じゅ》〕

③ この一念に見とおせば、
はてなき時は今の今。
今ぞ見とおすこの心、
見る人までも見とおさん。

〔無《む》門《もん》関《かん》〕

④　〈有時《うじ》〉とは、〈時〉ということが、すでに〈有《う》〉であるということであり、〈有〉はすべて〈時〉に他ならない。身の丈《たけ》一丈六尺の金色に輝く仏は、仏としての〈時〉である。〈時〉である以上、〈時〉のもつ美しい輝きがある。

われわれは個々の存在するものに対する時、いつもそのものと一つになって、その時その時に自己を並べて全世界としている。この全世界における個々の存在するものを、われわれはその時その時の在り方と思うべきである。それぞれの存在が相互に妨《さまた》げないのは、それぞれの時が相互に妨げないからである。だから、自己の発心《ほっしん》（さとりを求める心を発すこと）が同時に全世界の発心であり、自己と全世界とが同心一体となって、時間を開示する。発心のみならず、修行にしても成道《じょうどう》（仏のさとりを開くこと）にしても同様である。自己を並べて、自分でこれを見るのである。それぞれが自分の〈時〉であるという道理は、以上のとおりである。

このように、存在と時間と自己が一体であるという道理によって、全大地の上に数多くのさまざまな事物が存在し、一事一物がそれぞれ全大地を尽くしてあるということを学びとるべきである。このように見究《みきわ》めることが、修行の出発点である。

今この時のみであるから、〈有時〉は、みな全時間である。いかなる事物・事象でも、

みな〈時〉であり、その時その時で、全存在・全世界があるのである。〔正法眼蔵《しょうぼうげんぞう》〕

⑤　松も〈時〉であり、竹も〈時〉である。〈時〉は飛び去っていくものとだけ理解してはならない。飛び去っていくことが〈時〉の性質であるとだけ学んではならない。もし〈時〉が飛び去っていくだけのものであるなら、今の自己と断絶してしまう。なぜならば、〈有時〉の道理の意味を聞いたことのない者は、〈時〉を過ぎ去るものとだけ学ぶからである。要約していえば、全世界のあらゆる存在は、連続しながら、その時その時をまっとうしている。〔正法眼蔵〕

(5)　存在の実相

①　仏は世に比類《ひるい》なく理解しがたい最高の法をさとられた。その法は、ただ諸仏だけが究《きわ》め尽くすことのできる存在の〈実相《じっそう》〉である。〔法《ほ》華《け》経《きょう》〕

②　良家の青年よ、まさに存在の〈実相〉を観察すべきである。存在の〈実相〉とは、あらゆる存在は、垢《けが》れたものでなく、浄《きよ》いものでもない。なぜならば、あらゆる存在は実体

がなく、生きとし生けるものもなく、人もなく、我《われ》もない。あらゆる存在は、あたかも幻のように、夢のように、響のように、影のように、陽焔《かげろう》のように、変化《へんげ》のようなものであるから。〔般若経〕

③　心の対象領域が止滅《しめつ》する時には、言葉のそれも止滅する。なぜならば、存在の〈実相〉は不生《ふしょう》不滅であり、涅槃のようなものだからである。〔中論頌〕

④　他に縁《よ》ることなく、寂静《じゃくじょう》で、戯論《けろん》によって戯論されず、分別を離れており、多義のものでない。これが〈実相〉である。〔中論頌〕

⑤　行為の主体とその行為との二つは、ともに空《くう》である。空であるから、それらを求めても、〈不可得《ふかとく》〉である。この〈不可得〉の道理こそ、諸仏のよりどころである。〔華厳経〕

⑥　〈存在のありのままの相《すがた》〉、これを〈智慧〉という。〔肇論〕

⑦　山を見ればこれは山であり、水を見ればこれは水である、そのものの全体は、まさにその時、ありのままのすがたを現わし来たり、そして消え去る。そこにはなんらあい対立するものがない。
〔聖一《しょういち》・仮名法語《かなほうご》〕

(6)　真実の智慧

①　智慧の完成においては、物質的存在は実在せず取得されない。感覚も表象も意欲も、思惟《しゆい》も、智慧の完成においては実在せず取得されない。そして物質的存在を取得しなければ、それは物質的存在とはいえないし、感覚・表象・意欲についても同様であり、思惟を取得しなければ、それは思惟とはいえない。しかもまた、かの智慧の完成も執著《しゅうじゃく》され取得されうるものではない。このような仕方で、菩薩大士《ぼさつだいし》は智慧の完成への道を追求すべきである。これが菩薩大士の〝すべてのものを取得しないという精神集中（三昧《さんまい》）〟であって、それは広大で高貴、決定的に無量であり、声聞《しょうもん》や独覚《どっかく》と共通しないものである。
〔八千頌般若《はっせんじゅはんにゃ》〕

②　真実を真実と知り、真実でないものを真実でないと知って、真実を究《きわ》め尽くす人を正

しくさとった人、すなわち〈仏〉と名づける。〔華厳経〕

③　およそ、存在するものの外観は、みな虚妄《こもう》のものであるが、もしそれらの外観が虚妄のものでないとさとるならば、かれは如来《にょらい》を見ることができる。〔金剛経《こんごうきょう》〕

④　世尊《せそん》よ、たとえば、火があらゆる無知という薪《まき》を焼き尽くしてあきることがないように、全知者（仏）の智慧はあらゆる無知という薪を焼き尽くしてあきることがありません。世尊よ、たとえば、風があらゆる塵《ちり》を除き去るように、全知者の智慧はあらゆる煩悩《ぼんのう》の塵を除き去ります。世尊よ、たとえば、水によってあらゆる人びとが歓喜《かんぎ》するように、全知者の智慧は世の人びとに利益《りやく》・安楽を与えます。〔大日経《だいにちきょう》〕

⑤　智慧《ちえ》の光明《こうみょう》はかりなし
有量《うりょう》の諸相《しょそう》ことごとく
光暁《こうぎょう》かふらぬものはなし
真実明に帰命《きみょう》せよ

弥陀《みだ》の智慧の光明の功徳《くどく》は限りがない。限りある命をもつすべての生きとし生けるもので、その光の功徳に照らされない者はない。真実なる光明の功徳をお備えになった阿弥陀仏《あみだぶつ》を、ただ頼みとせよ。〔浄土和讃《じょうどわさん》〕

⑥ 梁《りょう》の武帝《ぶてい》が達磨《だるま》大師に問うた。
「いかなるものを指して、〈究極的真理〉というのですか」

達磨大師はこのように答えた。

「カラリと晴れて、聖と名づけられる者さえもない（廓然無聖《かくねんむしょう》）」

そこで、武帝はさらに問うた。

「予にあい対しているあなたは、いったい何者ですか」

達磨大師は答えた。

「知らない」

〔碧《へき》巌《がん》集《しゅう》〕

⑦ ある僧が香林和尚《こうりんおしょう》に問うた。
「達磨大師は、どういうお考えでインドから中国へやってこられたのですか。そのわけを聞かせてください」

香林和尚は答えた。

「長い間坐っていて、くたびれました」

〔碧巌集〕

(7) 縁起を見る

① 〈縁起《えんぎ》〉を見る者は法（真理）を見る。法を見る者は〈縁起〉を見る。〔中阿含経《ちゅうあごんぎょう》〕

② 釈尊はこのように語った。

「修行者たちよ、〈縁起〉とはどういうものであるか。

修行者たちよ、無知によって生活作用があり、生活作用によって識別作用があり、識別作用によって名称と形態（人格的個体）があり、名称と形態によって六つの感覚機能があり、六つの感覚機能によって対象との接触があり、対象との接触によって感受作用があり、感受作用によって愛執があり、愛執によって執著があり、執著によって生存があり、生存によって生まれがあり、生まれによって老いと死、憂い・悲しみ・苦しみ・悩み・悶《もだ》えがある。以上があらゆる苦しみの原因である。

修行者たちよ、〈老いと死〉とは何か。種々の人びとに見られる老衰・衰弱・年齢による病気・白髪・皺のよった皮・寿命の衰え・諸器官の老化、これを〈老い〉という。種々の人びとに見られる歿《ぼっ》・滅・死・破滅・肉体の構成要素の破壊・遺骨の捨棄《しゃき》、これを〈死〉という。修行者たちよ、以上の二つをまとめて〈老いと死〉という。

修行者たちよ、〈生まれ〉とは何か。種々の人びとの出生・出産・降誕《ごうたん》・誕生・肉体の構成要素の顕現《けんげん》・諸器官の獲得、これを〈生まれ〉という。

修行者たちよ、〈生存〉とは何か。生存に三種類の世界がある。欲の世界、物質の世界、および超物質の世界である。これを〈生存〉という。

修行者たちよ、〈執著〉とは何か。それに四つの執著がある。貪欲《とんよく》の執著、邪《よこしま》な見解への執著、邪な戒め《いまし》への執著、および自分の言葉に執著することである。これを〈執著〉という。

修行者たちよ、〈愛執〉とは何か。それに六つの愛執がある。いろ・かたちあるもの（物質）への愛執、音声への愛執、香りへの愛執、味への愛執、触れられるべきもの（身体）への愛執、および意識の対象への愛執である。これを〈愛執〉という。

修行者たちよ、〈感受作用〉とは何か。それに六つの感受作用がある。眼による感受作用、耳による感受作用、鼻による感受作用、舌による感受作用、身体による感受作用、意《こころ》による感受作用である。これを〈感受作用〉という。

修行者たちよ、〈対象との接触〉とは何か。六つの接触がある。眼による接触、耳による接触、鼻による接触、舌による接触、身体による接触、および意による接触である。これを〈対象との接触〉という。

修行者たちよ、〈六つの感覚機能〉とは何か。眼と耳と鼻と舌と身体と意である。これを〈六つの感覚機能〉という。

修行者たちよ、〈名称と形態〉とは何か。感受作用と表象作用と意志と注意、これを〈名称〉という。地・水・火・風の四大要素とそれから構成されたもの、これを〈形態〉という。この二つを合せて〈名称と形態〉という。

修行者たちよ、〈識別作用〉とは何か。それに六つの識別作用がある。眼による識別作用、耳による識別作用、鼻による識別作用、舌による識別作用、身体による識別作用、および意による識別作用である。これを〈識別作用〉という。

修行者たちよ、〈生活作用〉とは何か。それに三つの生活作用がある。身体による行為、言葉による行為、意による行為である。これを〈生活作用〉という。

修行者たちよ、〈無知〉とは何か。苦に対する無知、苦の原因に対する無知、苦の滅に対する無知、および苦の滅に導く道に対する無知である。これを〈無知〉という」

〔サンユッタ・ニカーヤ〕

③

因より生ずる諸事象、それらの因を完全な人格者（如来）は説かれる。また、それら

の滅があると、このように偉大な道の人（如来）は説かれる。〔律《りつ》蔵《ぞう》〕

④　いかなるものでも、生じたものは、すべて滅するものである。〔律蔵〕

(8)　さまざまな縁起観

①　如来《にょらい》が弁別《べんべつ》して説かれたところの、われわれの生存を構成するこれらの十二の支分は、すべて〈一心《いっしん》〉に基づく。〔十《じゅう》地《じ》経《きょう》〕

②　あらゆる存在は〈阿《あ》頼《ら》耶《や》識《しき》〉に所蔵され、〈阿頼耶識〉はあらゆる存在に所蔵される。

この両者はたがいに結果となり、また、たがいに原因となる。

この詩句の意味は、〈阿頼耶識〉と他のもろもろの識とが、常に同時に生起して、たがいに原因・結果の関係にあるということである。『摂大乗論《しょうだいじょうろん》』には、このことをたとえによって次のように説いている。

「〈阿頼耶識〉と汚れたこの世の存在とがたがいに原因となるというのは、蝋燭《ろうそく》と蝋燭の焔《ほのお》とが同時に存在して、蝋燭が焼けてゆくようなものであり、また、蘆《あし》の束《たば》がたがいにあいよって、倒れない状態をたもっているようなものである」〔成唯識論〕

③　大乗《だいじょう》の教えの正しい意義を明らかにするために〈一心〉の在り方を、二種の面から考察しよう。

第一は、心をそのあるがままの真実のすがたにおいてとらえるという、心真如門《しんしんにょもん》の面である。第二は、心のさまざまに展開していく現象世界をとらえるという、心生滅門《しんしょうめつもん》の面である。現実における迷いの生存から最高のさとりに達した覚者《かくしゃ》（仏陀《ぶっだ》）の位に至るまでの、すべての存在者に見られるさまざまな心の在り方は、みな、この二種の心の世界に収め尽くされているということができる。つまり、〈心のあるがままの真実の世界〉ということと〈心のさまざまに展開していく現象世界〉とは、本来、あい離れることのできない同一の心の在り方なのである。

このうち、〈心のあるがままの真実の世界〉というのは、唯一絶対の世界であって、現実における迷いの生存から最高のさとりに達した覚者の位に至るまでの、すべての心の階《かい》程《てい》を収め尽くす〈一心〉そのものに外ならない。心の本性は常住《じょうじゅう》・不変《ふへん》であり、生ずることもなければ滅することもない。われわれの心に浮かぶ一切の諸事象は、ただわれわれの恣意《しい》的な妄念《もうねん》によって差別《しゃべつ》されたものであって、事象の差別とは、本来、事象それ自体にある差別ではない。もしわれわれの心がこの妄念を離脱《りだつ》するならば、一切の差別された現象界は成立しない。したがって、一切の諸事象は本来、われわれの差別的な言葉では表現することのできないもの、いかなる名目・いかなる文字によっても表現することのできないものであり、またわれわれの思惟《しゆい》や分別《ふんべつ》によっても把握《はあく》することのできないものであるといわねばならない。つまり、それは平等であり、変化することがなく、壊《こわ》されることがない。このように〈一心〉の世界は、われわれの思惟と表現能力をはるかに超えた世界であるから、ここでは、とくに〈あるがままの真実〉つまり〈真如《しんにょ》〉と名づける。

他方、〈心のさまざまに展開していく現象世界〉とは、いかなる在り方においてあるのであろうか。それは〈如来蔵《にょらいぞう》〉に基づいて成立しているといわれる。〈一心〉は、それ自体、絶対の真実であり、思念《しねん》の及ばない境界《きょうがい》として、〈不生不滅《ふしょうふめつ》〉である。しかしながら、それは同時に、さまざまに展開して〈生滅《しょうめつ》〉をくり返している世界でもある。したがって、現実のわれわれにおける心の在り方は、〈不生不滅〉と〈生滅〉とが和合して、しかも両者は同一でもなければ異なったものでもないという、〈不一不異《ふいちふい》〉の関係にあるといわなければならない。われわれの現実におけるこのような心の構造を、ここでは〈阿頼耶識〉〔大乗起信論《だいじょうきしんろん》〕と名づける。

Ⅵ　真実に生きる

1　仏の世界

(1)　釈迦牟尼仏《しゃかむにぶつ》

①　カールダインは語った。

「スッドーダナ（浄飯《じょうぼん》）というのは、偉大な仙人《せんにん》（ゴータマ・ブッダ）の父であり、そしてマーヤー（摩耶《まや》）というのは、ブッダの母である。彼女は菩薩《ぼさつ》（求道者。ここでは前生におけるブッダの呼び名）を胎内で守護し、この世で死んで、三十三天界で楽しんだ」

〔テーラ・ガーター〕

②　〔四門出遊《しもんしゅつゆう》〕　作瓶《さびょう》という名の天子はシッダルタ太子に世の好悪を観察させようと思った。太子がカピラ城の東門から出たとき、天子は老人に変身し、みにくい姿を示した。太子はそれを見て馭者《ぎょしゃ》に、「身体が曲がり、髪の毛が薄いこの者は何者か」とたずねた。そしてそれは老人であり、人はだれでも老いるということを知った。

つぎに南門より出たときは、作瓶天子は病人に変身した。その病人を見た太子は、「腹がふくれ、呼吸のたびにふるえ、皮膚がたるみ、顔色が悪いこの者は何者か」とたずね、その結果、病気の苦しみを知った。

つぎに西門から出かけたとき、天子は死人に身を変えた。太子はそれを見て、「床《とこ》に臥《ふ》し、種々の華で飾られ、人びとがまわりで泣きさけんでいるが、あれは何者か」とたずねた。駁者は、それは死人だと説明した。

つぎに太子は北門から城を抜け出したとき、天子は出家《しゅっけ》の行者《ぎょうじゃ》に変身した。太子は、「あの威儀《いぎ》がととのい、きょろきょろせずにまっすぐ先を見、剃髪《ていはつ》して鉢をもった者はだれか」とたずねると、駁者は、出家だと答えた。

太子は出家の姿にうたれ、「わたしは世の中のために解脱《げだつ》を求めて出家し修行をする」と決心し、実行することにした。〔仏本行集経《ぶつほんぎょうじっきょう》〕

③〔成《じょう》　道《どう》〕　ブッダはさとりを開かれたとき、ウルヴェーラー村の尼連禅河《にれんぜんが》の河辺の菩提樹《ぼだいじゅ》のもとにおられた。〔マハーヴァッガ〕

④〔初転法輪《しょてんぽうりん》〕　ブッダはバーラーナシー国の鹿野苑《ろくやおん》に行かれ、五人の比丘《びく》のいる所に

近づき、初めて説法《せっぽう》をされた。五人の比丘は解脱を得て阿羅漢《あらかん》となった。〔マハーヴァッガ〕

⑤〔般《はつ》涅《ね》槃《はん》〕　ブッダは拘尸那国《くしな》（クシナガラ）の力士族（マッラ）の居住地で、阿《あ》利羅跋提河《りらばつだいが》（アチラヴァティー）のほとりに生えている沙羅双樹《さらそうじゅ》の間に滞在されていた。それは二月十五日、涅槃に臨《のぞ》まれるときであった。〔大般涅槃経《だいはつねはんぎょう》〈四十巻本〉〕

⑥ブッダは七宝《しっぽう》の床で右脇《みぎわき》を下にして横になり、頭は北方に枕し、足は南方を向き、顔は西方を向き、背は東方を向いていた。〔大般涅槃経後分〕

⑦ブッダの遺体《いたい》が火葬《かそう》に付せられると、膚《はだ》も皮も肉も髄液《ずいえき》も、それら燃えながらの灰は残ることなく、遺骨《いこつ》のみが残った。〔大般涅槃経（パーリ文）〕

(2) 仏の存在

①ナーガセーナは語った。
「大王（ミリンダ王）よ、過去の完全な人格者（仏）たちが隠れたまい、そのために

教導《きょうどう》する者がいなかったとき、道は穏没《おんもつ》しました。かの全知者たる尊き師（釈尊《しゃくそん》）は過去の正しくさとった人たちの歩まれた道が破られ、壊れ、阻《はば》まれ、閉じられ、被《おお》われ、不通となっているのを、智慧の眼をもって見たもうた。そのようなわけで〝修行者たちよ、わたしは、過去の正しくさとった人たちが歩みたもうた古道《こどう》・古径《こけい》をさとった〟といわれたのです」

〔ミリンダ王の問い〕

② 過去のもろもろの正しくさとった人、未来のもろもろの目覚めた人、また多くの者の憂《うれ》いを除く現在の正しくさとった人、これらの諸仏はすべて正法《しょうぼう》を尊重し、過去において住し、現在において住し、また未来において住するであろう。これは諸仏のきまりである。

〔サンユッタ・ニカーヤ〕

③ 王（ミリンダ王）は問う。

「尊者ナーガセーナよ、ブッダは実在するのですか」

「大王よ、そうです。尊き師は実在します」

「尊者ナーガセーナよ、しからば、〈ここにある〉とか、あるいは〈そこにある〉とかいって、ブッダを示すことができますか」

「大王よ、尊き師は、〈煩悩《ぼんのう》を滅するとともに肉体をも離れた安らぎの境地〉において、完全な安らぎ（さとり）を達成されました。〈ここにある〉とか、あるいは〈そこにある〉とかいって、尊き師を示すことはできません」

「たとえを述べてください」

「大王よ、あなたはどうお考えになりますか。現に燃えている大火の炎が消滅したならば、〈ここにある〉とか、あるいは〈そこにある〉とかいって、炎を示すことができますか」

「尊者よ、できません。その炎が消滅したならば、示されないこととなります」

「大王よ、それと同様に、尊き師は、〈煩悩を滅するとともに肉体をも離れた安らぎの境地〉において、完全な安らぎを達成されました。すでに消滅してしまった尊き師のことを、〈ここにある〉とか、あるいは〈そこにある〉とかいって、示すことはできません。大王よ、しかしながら、尊き師を〈真理を身体としているもの〉によって示すことはできるのです。何となれば、大王よ、真理は尊き師によって説き示されたものだからです」

「わかりました。尊者ナーガセーナよ」

〈ミリンダ王の問い〉

(3)　誓　願

①　舎利弗《しゃりほつ》よ、まさに知るがよい。わたしは、昔、誓願《せいがん》を立てて、すべての生けるものたちを、わたしと等しく、異なるところがないようにしようと誓った。わたしの昔の誓願は、いまや円《まど》かに完成し、すべての生けるものたちを教え導いて、ことごとく仏道に入らしめた。〔法《ほ》華《け》経《きょう》〕

②　求道者《ぐどうしゃ》（菩薩《ぼさつ》）の位とは何かを明らかにするならば、〈初発心《しょほっしん》〉の段階から、苦《く》・集《じゅう》・滅《めつ》・道《どう》の〈四諦《したい》〉を観察の対象とし、〈四弘誓願《しぐせいがん》〉を発《おこ》して、〈六度《ろくど》〉の行《ぎょう》を修めることである。すなわち、

一には、まだ救われていない者を救おうと誓う、〈四弘誓願〉の第一〈衆生無辺誓願度《しゅじょうむへんせいがんど》〉である。この願いは〈四諦〉の第一〈苦諦《くたい》〉を対象とする。

二には、まだ解脱《げだつ》していない者を解脱させようと誓う、〈四弘誓願〉の第二〈煩悩無尽《ぼんのうむじん》誓願断《せいがんだん》〉である。この願いは〈四諦〉の第二〈集諦《じったい》〉を対象とする。

三には、まだ平安の境地に達していない者をそれに向かわせようと誓う、〈四弘誓願〉

の第三〈法門無量誓願学《ほうもんむりょうせいがんがく》〉である。この願いは〈四諦〉の第四〈道諦《どうたい》〉を対象とする。四には、まだ平安の境地を得ていない者にそれを得させようと誓う、〈四弘誓願〉の第四〈仏道無上誓願成《ぶつどうむじょうせいがんじょう》〉である。この願いは〈四諦〉の第三〈滅諦《めったい》〉を対象とする。

〔天台四教儀《てんだいしきょうぎ》〕

③　すべての仏たちには、おのおの総《そう》と別《べつ》という二種の願いがある。総願《そうがん》とは、仏たちに共通する〈四弘誓願〉のことである。別願《べつがん》とは、釈迦如来《しゃかにょらい》の五百の大願や、薬師《やくし》如来の十二の上願などのように、それぞれの仏にとって固有の願いである。今ここでいう四十八願《しじゅうはちがん》とは、阿弥陀《あみだ》如来の別願をいう。

〔選《せん》択《ちゃく》集《しゅう》〕

④　もしも、わたしが仏になる時、仏国土に生まれた神々や人間が、まさしく仏となる身に決まっていて、そこで必ず仏のさとりを開くことがないならば、その間は、わたしはこの上ない正しいさとりを現にさとることがないように。

もしも、わたしが仏になる時、わたしの光明の量に限度があって、無数の仏国土を照らせないようであるならば、その間は、わたしはこの上ない正しいさとりを現にさとることがないように。

もしも、わたしが仏になる時、わたしの寿命の量に限度があって、百千億万劫《こう》の量で量《はか》られるならば、その間は、わたしはこの上ない正しいさとりを現にさとることがないように。

もしも、わたしが仏になる時、たとい、あらゆる人びとが心から信じ喜び、わたしの国土に生まれたいという心を発《おこ》すことが十返にすぎなかったとしても、それだけでわたしの国土に生まれることができないならば、その間は、わたしはこの上ない正しいさとりを現にさとることがないように。ただし、五逆罪《ごぎゃくざい》（五つの重罪）を犯した者と、正法を謗《そし》る妨《さまた》げをなした者だけは、この中から除かれる。

もしも、わたしが仏になる時、あらゆる人びとがさとりを求める心を発して、もろもろの功徳《くどく》を積み、心からわたしの国土に生まれたいと願うならば、その人の臨終に際して、わたしは多くの聖者たちに囲まれて、かれの前に現われましょう。それができなければ、わたしはこの上ない正しいさとりを現にさとることがないように。

阿難《あなん》は世尊に問うた。

「かの求道者・法蔵《ほうぞう》は、すでに仏となって永遠の安らぎの境地に入ってしまったのですか。それとも、現に仏となっていないのですか。あるいは仏となって、現に教えを説き続けておられるのですか」

世尊は阿難に答えた。

「求道者・法蔵はすでに仏となって、今、現に西方においでになる。その仏国土はここから十万億番目の国土であって、その仏の世界を、〈安楽〉（極楽）と呼ぶのである」

さらに阿難は問うた。

「その仏が仏としてのさとりを開いてから、どれだけの時間が経過しているのですか」

釈尊は答えていわれた。

「仏となってから、およそ十劫《じっこう》という時間を経ているのだ」

〔無量寿経《むりょうじゅきょう》〕

⑤　求道者・無尽意《むじんに》よ、観音の行《ぎょう》を聴くがよい。観音は人びとの願いに答えて、種々に身を現わしてかれらを救いとるが、その行の根底をなすかれの誓願は、底知れない大海のように深く、十劫という長年月をかけても思い計ることができない。そもそも、観音は幾千

億の仏に仕《つか》えて、このような大清浄の誓願を立てたのである。わたしは汝のために、これを要約して説こう。

観音が自己の誓願の完成に向かって励《はげ》んでいた間、かれは仏たちの名を聞き、直接あいまみえ、教えを心に念じてたもち、空《むな》しく日を過ごさなかったから、かれはこの世のあらゆる人びとの苦しみを消滅させることができるのである。たとい害意を起こす者によって、大いなる火の坑《あな》に突き落とされても、人はかの観音の力を念じるならば、火の坑は変じて池となるであろう。

あるいは賊《ぞく》が取り囲んで、おのおの刀を揮《ふる》って斬《き》りつけても、人はかの観音の力を念じるならば、たちまち慈悲心の持主となるであろう。

観音の「音」とは、妙《たえ》なる音声《おんじょう》であり、清浄なる音声であり、海潮の音であり、世間のすべての音声に勝れているものである。それ故に、常に観音を念じるがよい。〔観音経《かんのんぎょう》〕

(4)　仏とは何か

①　〈仏《ぶつ》〉というのは、インドの言葉の音を写したものであり、中国では〈覚《かく》〉と翻訳する。そのようなわけで、みずから真理をさとり、他の人をさとらせて、さとりの働きがあ

ますところなく満ちている人を〈仏〉と名づける。

〔観《かん》経《ぎょう》疏《しょ》〕

② 真理の教えは常住《じょうじゅう》であり、唯一の道である。すべての仏たちは、この一道によって生《しょう》死《じ》（輪《りん》廻《ね》）の迷いを超えて、仏となったのである。

そのようなわけで、仏身はいずれもただ一つの真理という身体であり、また、その心や智慧も、一つの心、一つの智慧である。

〔華《け》厳《ごん》経《きょう》〕

③ およそ、如来《にょらい》の身体には二種類がある。一には〈生身《しょうしん》〉、二には〈法身《ほっしん》〉である。〈生身〉というのは、世を救うてだて（方便《ほうべん》）として、人びとに応じて、さまざまに姿を変えて現われた仏身である。

〈法身〉というのは、さとりの四徳性によって示すならば、それは永遠であり、究極の安楽であり、絶対の自由であり、清浄そのものである。〈法身〉は生《しょう》・老《ろう》・病《びょう》・死《し》の無常を離れた存在であり、長・短を超え、善・悪を超え、さとりを求めてさらに学ぶべき者・さとりを得て学ぶ必要のない者のいずれの在り方からも離れている。そのようなわけで、たとい仏がこの世に出現しても、あるいは出現しなくても、〈法身〉自体は常住にして不動のものであり、決して変わることのないものである。

〔大般涅槃経〕

④　仏たちにとって、さまざまの煩悩《ぼんのう》は決して生起しないから、この仏の境地を指して涅《ね》槃《はん》（安らぎの境地、さとり）と名づける。また仏の智慧は、いかなるものにも妨げられることがないから、これを如来《にょらい》と名づける。如来は、凡夫《ぼんぷ》や教えを聞く者（声聞《しょうもん》）や大乗の求道者《ぐどうしゃ》（菩薩）の在り方などを超えて、完全なさとりに到達しているから、これを仏性《ぶっしょう》と名づける。如来の身心や智慧は、果てもなく、量り知れない無数の国々に遍ねく満ちわたっていて、しかもなにものにも妨げられないから、これを虚空《こくう》と名づける。また如来は常住で変化することがないから、これを実相《じっそう》と名づける。

そのようなわけで、如来は涅槃の境地に入ってそこに安住することなく、ひとえに利他《りた》行《ぎょう》に励むから、これを求道者と名づける。

〔大般涅槃経〕

⑤　如来には、もともと自分の国土というものはない。ただ教化《きょうけ》の対象となる生きとし生けるものを取りあげて、かれらのことを仏国土と呼んでいるのである。だから、仏国土は浄《じょう》と穢《え》とに通じて存在する。如来はいかなる者たちに対しても同じように教化を行なう。そのようなわけで、浄と穢とに通じて、生きとし生けるもののことを仏国土とするのである。

〔維摩経義疏《ゆいまぎょうぎしょ》〕

(5) 仏性と成仏

① すべての生けるものたちには、ことごとく仏性《ぶっしょう》（仏という性質）が有《あ》る。〔大般涅槃経〕

② 仏性は、如来である。如来は無数の世界に満ち満ちている。すなわち、大海のような多くのすべての生けるものの心の中に充満している。仏教では「草木国土は、ことごとく成仏している」と説かれている。すべての生けるものの心の中に方便法身《ほうべんほっしん》の誓願を信ずるのであるから、この信心は仏性である。〔唯信鈔文意《ゆいしんしょうもんい》〕

③ 如来すなはち涅槃《ねはん》なり
涅槃を仏性となづけたり
凡地《ぼんじ》にしてはさとられず
安養《あんにょう》にいたりて証《しょう》すべし

すべての衆生《しゅじょう》のうちに隠《かく》れている法そのもの（如来）は、そのままさとり（涅槃）である。涅槃を仏という性質（仏性）と名づける。しかしその仏性は、凡夫の世界では実現できない。浄土に往生《おうじょう》してから身に証する。

信心《しんじん》よろこぶそのひとを
如来とひとしとときたまふ
大信心は仏性なり
仏性すなはち如来なり

信心を喜び、阿弥陀仏《あみだぶつ》の本願《ほんがん》を疑うことのない者は、必ずさとりを開くと決まっているので、如来と等しい者と説かれている。阿弥陀仏からいただいた真実信心は、仏性と同じくさとりの因《いん》であり、その仏性は如来と等しい。〔浄土和讃《じょうどわさん》〕

④　われわれは過去無数劫《こう》という永い年月にわたって、一度も真実の教えにめぐり遇《あ》っていない。また自己を反省し、自身を尋《たず》ねることの意味を理解していない。思うに、われわれはただ虚妄《こもう》（偽り・不真実）の相《すがた》に執著して、存在の実相《じっそう》を知らず、輪廻《りんね》の生存をくり返し、あるいは畜生、あるいは人間に生まれている。

今ここに、勝《すぐ》れた教えによって自身を探求すれば、本来、仏であることをまさしくさとる。そのようなわけで、われわれのなす行ないのすべては仏の行ないによっており、心は仏の心に溶け入っていることが必要である。〔原人論《げんにんろん》〕

⑤　自分というものを打ち立てて、現象世界を認識するのが迷いであり、それに対して、現象世界の方から進んで自分を照らし出してくれるのがさとりである。迷いを迷いとして

さとりきるのが諸仏であり、本来がさとりそのものであるのに、別にさとりを求めて迷い続けているのがわれわれである。さらにいうならば、さとった上でさらにさとりを得る者もあり、迷いの中にいてまた迷う者もある。

諸仏がまさしく諸仏である時には、「わたしは仏である」という自覚さえももっていない。しかしながら、さとりの仏である以上、たえず仏をさとっていくのである。〔正法眼蔵《しょうぼうげんぞう》〕

⑥　ただ一人が修行するとしても、その人の修行は、あらゆる人びとに通ずる。また、一人が極楽《ごくらく》に往生すれば、あらゆる人びとも成仏《じょうぶつ》することになる。一乗の教えによって成仏すれば、その人自身のみならず他の人びとも同時に成仏したことになる。また、成仏し終わったとしても、その人は、成仏という結果のみにとどまって、成仏の因としての修行を行なわないというのではない。〔融通念仏信解章《ゆうずうねんぶつしんげしょう》〕

2　真理の教え

(1) 仏の教え

① わたし（アーナンダ）は、ブッダから八万二千の教えと修行者たちから二千の教えを得た。わたしは、これらの八万四千の教えを会得《えとく》している。

〔テーラ・ガーター〕

② すべての悪をなさないこと、もろもろの善を実行すること、自己の心を清らかにすること、これが、目覚《めざ》めた人たちの教えである。

〔ダンマパダ〕

③ 〈経《きょう》〉というのは、真理の教え（法）であり、また、常住不変のものという意味である。すなわち、聖者の教えは時代や人びとがどんなに移り変わっても、教えの是非を論じて改変することができないから、〈経〉を常住不変のものという。また、人びとにとって軌範《きはん》・規則となるから、〈経〉を真理というのである。ところで〈経〉の語は、中国の翻

訳語であって、インドでは〈修多羅《しゅたら》〉と発音する。〈修多羅〉には五つの意味があって、一般に解釈されているとおりである。ただ〈修多羅〉に五つの意味があるといっても、まとめていえば、「泉のように涌《わ》く」という意味と、「大工のすみなわ」という意味の二つに収まる。つまり〈経〉には、真理の教えと常住不変のものという二つの意味があると述べたことと同じになる。そのようなわけで、中国で使う〈経〉の語をもって、インドの〈修多羅〉を翻《ほん》じたのである。〔勝鬘経義疏《しょうまんぎょうぎしょ》〕

④　仏祖《ぶっそ》たちの説かれた教えこそが、仏教である。それは、仏祖が仏祖のために説くから、教えが教えのために正しく伝わるのである。これを法輪《ほうりん》（真理の教えの輪）を転ずること、すなわち説法《せっぽう》という。この説法の眼目《がんもく》が、そこにおいてもろもろの仏祖を出現させ、また入滅《にゅうめつ》させるのである。

このようなわけで、仏教とは教仏、つまり教えが仏なのである。仏祖が究《きわ》め尽くすところの功徳《くどく》である。〔正法眼蔵〕

⑤　ナーガセーナは語った。

「大王（ミリンダ王）よ、かの尊き師（ブッダ）によって、種々の戒《いまし》めが説かれました。

その戒めの香りを塗った尊き師の子らは、神々および人びとを、戒めの香りをもって薫習《くんじゅう》し、馥郁《ふくいく》たる香りを漂《ただよ》わせ、その香りは四方八方にも、順風にも逆風にも薫《かお》り、絶えず薫り、あまねく拡がっております」
〔ミリンダ王の問い〕

(2) 仏の方便

① 仏の子よ、求道者はどのようにして、人びとの求めに応じてかれらを教化《きょうけ》するのか。この求道者は、人びとにとって適切なてだて（方便《ほうべん》）を知り、人びとの宿世《すくせ》の因縁《いんねん》を知り、また人びとが心に思っていることを知る。そして、それに応じて煩悩《ぼんのう》を除く方法を教える。

貪《むさぼ》りの多い者には、身体の不浄を思わせ、腹立ちの多い者には、慈悲を思うことを教え、迷妄《めいもう》の多い者には、すべてのことがらは因縁によって生じていることを知らせ、なにごとにも執著《しゅうじゃく》する者には、一切は空《くう》であることを教え、怠《おこた》りがちな者には、精励《せいれい》努力することを勧《すす》め、高慢心の強い者には、一切は平等であることを思わせ、自己の心を曲げて他人に諂《へつら》う者には、求道者の心は静寂《せいじゃく》で、なにごとにも執著がないということを教える。

〔華厳経〕

②　なぜ如来《にょらい》によって経典が説かれたかといえば、人びとをことごとく救うためである。ある時は自身について語り、ある時は他人について語り、ある時は自身を示し、ある時は他人を示し、ある時は自己の事例を示し、ある時は他人の事例を示すのである。いずれの場合でも、その語るところは真実であって、虚妄《こもう》ではないのだ。

それはなぜかというと、如来は迷いの世界の相《すがた》をありのままに見るからである。すなわち、迷いの世界は生ずることもなく滅することもなく、消滅することもなく出現することもなく、世に存在するものでもなく止滅するものでもなく、実でもなく虚でもなく、このようなもの（如《にょ》）でもなく別異のものでもないことを見る。迷いの世界にいるものたちがその世界を見るのとは違っているのだ。如来は、これらのことを誤りなく明らかに見るのである。

人びとの中には、いろいろの性格・欲望・行為・想念・判断があるから、かれらにさとりへの善根《ぜんごん》を生じさせようと思い、如来は因縁談・譬喩《たとえ》・言辞《ことば》をもって、種々の説法をなし、如来としてなすべきことを、いまだかつて少しの間も休まずになしてきたのだ。このように、わたしが仏になって以来、久遠《くおん》の年月が経っている。わたしの寿命は無量無数劫《こう》の長時間をたもち、しかも常住にして不滅である。

わたしがその昔、求道者の道を実行し、完成して得た寿命は、今日なお尽きることがないばかりか、人びとを救うためにはさらに今までの二倍の年数がいるのだ。

したがって、今わたしは実際にこの世において入滅《にゅうめつ》するのではないけれども、「わたしは、この世において入滅するであろう」と告げるのは、方便によって人びとを教化《きょうけ》しようとするためである。もしも如来がこの世に常に存在して滅することがないと知ったならば、人びとは怠りの心を抱き、また、「如来に出会うことはむずかしい」という思いや、如来を敬《うやま》う心が生じなくなる。そのようなわけで、わたしは方便を用いて、「修行者たちよ、この世に出現する仏たちに出会うことは、むずかしい」というのだ。

そこで、如来は実際にこの世において入滅するのではないけれども、しかも、「この世において入滅する」と告げるのである。もろもろの仏たちの教えはみな、このようである。人びとを救うためであるから、すべてが真実であって、虚妄ではないのだ。〔法華経〕

(3)　法を説く

①　経典を口で説明したり、あるいは読誦《どくじゅ》したりする時には、あえて他人や経典の過《とが》を説いてはならない。また、他の教えを説く法師《ほうし》を軽蔑《けいべつ》してはならない。他人の善《よ》し・悪《あ》しや、

長所・短所を説いてはならない。また、教えを聞いてさとる人びとに対しては、名前をあげて過誤をあばいたり、ないしは名前をあげて美点を讃《たた》えたりしてはならない。また、他人を憎《にく》んだり嫌《きら》ったりする心を発してはならない。このような安楽な心を身に修めて、この経典を聴《き》こうとする人たちの心にさからわぬようにしなければならない。むずかしい質問をする者があったら、小乗《しょうじょう》の教えによって答えてはならない。ただ大乗《だいじょう》の教えのみによって、かれらのために説き明かして、全知者の智慧を得るようにしてやらなければならない。

〔法華経〕

② 仏法のことを話し合う時、いつのまにか世間の話に変えてしまうのが、人情の常である。だが、そのことをいやがらずに、世間の話をまたもとの仏法の話に引き戻すように仕向けるがよい。

〔蓮如・御一代聞書《ごいちだいききがき》〕

③ 蓮如《れんにょ》上人は、門徒《もんと》の人たちがくると、お酒を飲ませ、品物を与えたりして、このようにもてなし、門徒の人たちに有難く思わせ、御自身に親近《しんごん》させてから、かれらに仏法を聞かせられた。「だから、このようにものを与えることも、門徒の人たちに信心《しんじん》を得てもらうための接待であると思えば、これもまた仏恩《ぶつおん》に報謝《ほうしゃ》することであると思う」と蓮如上人

はいわれた。
〔蓮如・御一代聞書〕

(4) 法を聞く

① 〈聞《もん》〉というのは、仏の願いがいかにして立てられたかというい われの始終を聞いて、疑いの心を抱かないことである。これが〈聞〉である。
〔教行信証《きょうぎょうしんしょう》〕

② 仏法を聞くには、世間の用事を果たす時間をさいても、聞くべきである。世間の用事を片づけた後で、仏法を聞くものであると考えるのは、なげかわしいことである。
〔蓮如・御一代聞書〕

③ 仏道を学ぼうとする人は、たとい道心がなくても、善き人に近づき、善き御縁にあって、同じことを何度も聞いたり見たりしなくてはならない。「この言葉は、一度聞いたから重ねて聞く必要はない」と思ってはならない。道心を一度発《おこ》した人の場合についても同様で、同じことがらではあるがそれをくり返して聞くたびごとに、心が磨《みが》かれて、いよいよ仏道修行に精進《しょうじん》することになるのである。
〔正法眼蔵随聞記《しょうぼうげんぞうずいもんき》〕

④　ある人がその理解しているとおりに打ち明けて、「わたしの心は籠《かご》の中に水を入れたようで、法座《ほうざ》に参《まい》って教えを聞いているうちは、有難いとも、尊いとも思われるのですが、その法座から退出すると、すぐにもとの心に戻ってしまいます」と申したところ、蓮如上人は、「その籠を水につけておきなさい。そのように、わが身を仏法の中にひたしておくがよいでしょう」と仰せになった。

〔蓮如・御一代聞書〕

(5)　廻　向

①　求道者《ぐどうしゃ》は布施《ふせ》、持戒《じかい》、忍辱《にんにく》、精進《しょうじん》、禅定《ぜんじょう》、智慧《ちえ》の〈六つの徳目の完成〉（六波羅蜜《ろくはらみつ》）を修めて、次のように思う。

「わたしの行なうところの善は、すべての生けるものたちのためになり、ついにはかれらをして清浄の者となさしめるであろう。

わたしの行なうところの善をもって、すべての生けるものたちを、地獄《じごく》・餓鬼《がき》・畜生《ちくしょう》などにおける無量の苦しみから救おう」

また、次のように思う。

「わたしはすべての生けるものたちにこの善を廻向《えこう》して、みずから、かれらの〈家〉となろう。それは、かれらの苦悩を滅ぼすためである。

みずから、すべての生けるものたちの〈護《まも》り〉となろう。それは、かれらをして煩《ぼん》悩《のう》から脱《のが》れさせるためである。

みずから、すべての生けるものたちの〈帰依所《きえしょ》〉となろう。それは、かれらをして恐怖《くふ》から離れさせるためである。

みずから、すべての生けるものたちの〈安穏《あんのん》〉となろう。それは、かれらをして究《きゅう》極《きょく》の安らぎの場所を得させるためである。

みずから、すべての生けるものたちの〈大いなる光明《こうみょう》〉となろう。それは、かれらをして無知を滅ぼし、智慧の光明を得させるためである。

みずから、すべての生けるものたちの〈燈《ともしび》〉となろう。それは、かれらをして究極の光明に安住させるためである」

仏の子よ、求道者はこのような量り知れない数々の善を廻向し、生けるものたちに全知者の智慧を完成させるであろう。

仏の子よ、求道者は親しい者のためにも、怨《うら》みのある者のためにも、もろもろの善をさし向け、決して区別することをしない。

なぜならば、求道者はすべてのものを平等視して、怨みも親しみもともに超えており、常に慈愛の眼《まなこ》で生けるものたちを見ているからである。〔華厳経〕

②〈廻向〉というのは、阿弥陀仏の浄土に仏として生まれてから、みずから大悲心を発《おこ》して、再びこの迷いの世界に入って、生けるものたちを教化することをもいう。〔愚《ぐ》禿《とく》鈔《しょう》〕

(6) 供養

① 求道者がさとりを求める心を発せば、それがそのまま如来たちへの供養《くよう》となる。〔なぜならば、如来たちは、すべての生けるものたちが真理に目覚めた人になることを願いとしているからである〕

次に、求道者がこの世のすべての生けるものたちを救済《きゅうさい》することは、それがそのまま如来たちへの供養となる。〔なぜならば、すべての生けるものたちを済度《さいど》することが、如来たちの本懐《ほんかい》だからである〕

次に、勝れた真理を説き明かす経典を身にたもつことは、それがそのまま如来たちへの供養となる。〔なぜならば、経典に記された内容は、如来たちの内面のさとりそのもので

あり、それみずから人びとに知られることを欲するものだからである〕

このように、〈智慧の完成〉を述べたこの経典を、求道者が身にたもち、読誦し、みずからも書写し、他人にも書写させ、よく心に思念したり実践するなどの十種の修行をなしとげて、種々の方法で供養したならば、それがそのまま如来たちへの供養となるであろう。

〔理《り》趣《しゅ》経《きょう》〕

② 本尊《ほんぞん》の置かれた道場に入るたびに、ここを生身の仏のいます御座《ござ》と思い、まさしく自分は生身の如来の御前《おんまえ》にいるとの思いを抱くべきである。木に刻《きざ》み絵にした仏像を生身の仏であると思念していく時、ただちにそれは生身の仏となる。〔明恵上人遺訓《みょうえしょうにんいくん》〕

③ 親鸞《しんらん》は亡《な》き父母の追善供養《ついぜんくよう》のためであると思って、念仏《ねんぶつ》を称《とな》えられたことは、かつて一度もない。

そのわけは、すべて生けるものたちは、生まれ変わり死に変わりして、父母となり兄弟となってきているから、父母といってもこの世の父母だけに限らない。だから、次の世には浄土に生まれて仏となり、迷いの生存をくり返している人びとを、だれかれとなく浄土へ救いとって助けねばならない。

もしも念仏が、自力によって積んでいくところの善であるならば、それこそ、その念仏を振り向けて亡き父母を救うこともできよう。だが、念仏はそのようなものではないのだ。それ故に、人はただ自力の計らいを捨てて、速やかに浄土に生まれて仏のさとりを開いたならば、たとい地獄・餓鬼・畜生・修羅《しゅら》・人間・神々の六つの迷いの世界や、胎生《たいしょう》・卵生《らんしょう》・湿生《しっしょう》・化生《けしょう》の四つの生まれの中に沈み、罪業《ざいごう》の報いを受けて苦しんでいようとも、超人的な自由自在のてだてをもって、何はさておいても、まず自分と縁の深いそれらの人びとを救うことができるのである。

〔歎《たん》異《に》抄《しょう》〕

3　仏教徒の生き方

(1)　サンガの人びと

①　みずから仏に帰依《きえ》したてまつる。願わくは、人びとが大いなる仏道を体得し、無上のさとりに向かうこころを発《おこ》すように。

みずから仏法に帰依したてまつる。願わくは、人びとが深く経典を学んで、大海のごとき智慧を得るように。

みずから仏教徒の集《つど》いに帰依したてまつる。願わくは、人びとが和合の集いをもち、なにものにも妨げられない自由を得るように。

〔華　厳　経〕

②　ブッダを取り巻く人びとの中に、四種の集い（パリサー）がある。比丘《びく》（修行僧）と比丘尼《びくに》（女性の修行僧、尼僧）と優婆塞《うばそく》（在家の男性信者）と優婆夷《うばい》（在家の女性信者）である。

〔アングッタラ・ニカーヤ〕

③　尊き師（ブッダ）の弟子サンガ（修行者の集い）は勝れた実践者たちである。尊き師の弟子サンガは誠実な実践者たちである。尊き師の弟子サンガは正しい道理に基づく実践者たちである。すなわち、〈四双八輩《しそうはっぱい》〉の聖者たちであり、この尊き師の弟子サンガは人びとから尊敬され、招待され、供養され、合掌《がっしょう》されるところの、世間における無上の福田《ふくでん》（福徳を産み出すもと）である。〔サンユッタ・ニカーヤ〕

④　在家《ざいけ》の求道者は、男女の在家信者の中に存在する。また出家《しゅっけ》の求道者は、男女の出家者の中に存在する。

今ここで、どのような理由によって、求道者（菩薩）を在家信者などと区別して説くのであるか。答えていう。求道者は男女の在家信者および男女の出家者という四種の人びとの中に存在するけれども、あえて四種の人びとと区別して説くべきものである。そのわけは、求道者は必ず四種の人びとの中に含まれるが、四種の人びとは必ずしも求道者の中に含まれないからである。なぜならば、これら四種の人びとの中には、自利《じり》のみを求める人、独《ひと》りみずからさとる人、天界《てんがい》に生まれることを求める人、あるいは自分で生きる楽しみを求める人がいる。だから、かれらは求道者の中には含まれない。つまり、これらの人びとは、さとりを求める心を発《おこ》して、「わたしは必ず仏になろう」と決意しないからである。

〔大智度論《だいちどろん》〕

⑤　もしも生けるものたちの中で、内に知性を具え、仏に会って教えを聞いてこれを信じ、ひたすら精励し、速《すみ》やかに迷いの世界を離れようと思い、こうして自身のさとりを求めようとする者があれば、この人を声聞《しょうもん》の教え（声聞乗）に従う者と名づける。あたかも富める者の子どもが羊車を得ようと求めて、燃えさかる家から出ていったようなものである。

もしも生けるものたちの中で、仏に会って教えを聞いてこれを信じ、ひたすら精励し、真実の智慧を求め、独り静寂な生活を楽しみ、深遠な縁起《えんぎ》の理法をさとる者があれば、この人を独りでさとるという教え（独覚乗《どっかくじょう》、縁覚乗）に従う者と名づける。あたかも富める者の子どもが鹿車を求めて、燃えさかる家から出ていったようなものである。

もしも生けるものたちの中で、仏に会って教えを聞いてこれを信じ、精励努力して、全知者の智慧・仏智・真実の智慧・師なくして独《ひと》りさとる智慧・仏の具える真理を観察する力・十種の智慧力・四種の畏《おそ》れなき自信の獲得を求め、数限りない生けるものたちを憐《あわ》れみ、安楽にさせ、神々や人間の利益を計り、そしてすべての人びとを救う者があるならば、この人を偉大な教え（大乗）に従う者と名づける。求道者はこのような教えを求めるから、偉大な人（大士《だいし》）と呼ばれる。あたかも富める者の子どもが牛車《ぎっしゃ》を求めて、燃えさかる家から出ていったようなものである。

〔法華経〕

(2) 在家のあり方

① 家ある者（在家者）と家なき者（出家者）との両者は、たがいに依存する者である。そして、かれらは無上の安穏《あんのん》である正法《しょうぼう》を完成する。

家なき者は、家ある者から衣と資具と住み家と危害の除去とを受ける。

また家ある者や家を求める者は、幸せな人をたのみ、尊い人を信じ、勝れた智慧をもって心を制御《せいぎょ》し、

善きところに導く道である法をこの世において行ない、天界において歓喜《かんぎ》し、みずから欲するものを得て喜ぶ。

〔イティヴッタカ〕

② 在家者の務《つと》めを、汝らに語ろう。このように実行する人は、善い教えを聞く人（仏弟子）である。純然たる出家修行者に関する規定は、所有の煩《わずら》いある人がこれを達成するのは容易ではない。

生きものをみずから殺してはならない。また他人をして殺させてはならない。また他の人びとが殺害するのを容認してはならない。――世の中の強剛な者どもでも、また怯《おび》えている者どもでも、すべての生きものに対する暴力を抑《おさ》えて――。

次に教えを聞く人は、与えられていないものは、なにものであっても、またどこにあっても、知ってこれを取ることを避けよ。また他人をして取らせることなく、他人が取るのを容認してはならない。すべて与えられていないものを取ってはならない。

智者は淫《みだ》らな行ないを回避《かいひ》せよ。赤熱《しゃくねつ》した炭火の坑《あな》を回避するように。もし不婬《ふいん》を修《おさ》めることができなければ、少なくとも他人の妻を犯してはならない。

集会所にいても、団体の中にいても、なんびとも他人に向かって偽《いつわ》りをいってはならない。また他人をして偽りをいわせてもならない。また他人が偽りを語るのを容認してはならない。すべて虚妄《こもう》を語ることを避けよ。

また飲酒《おんじゅ》を行なってはならない。この不飲酒の教えを喜ぶ在家者は、他人をして飲ませてはならない。他人が酒を飲むのを容認してはならない。――これはついに人を狂酔《きょうすい》せしめ迷わせるものであると知って――。なぜならば、愚者たちは酔いのために悪事を行ない、また他の人びとをして怠惰《たいだ》にさせ、悪事をなさせるからである。この不幸の起こるもとを回避せよ。それは愚者の愛好するところであるが、しかし人を狂酔させ迷わせるものであ

る。〔スッタニパータ〕

③　⑴生きものを害してはならぬ。⑵与えられないものを取ってはならぬ。⑶嘘《うそ》をついてはならぬ。⑷酒を飲んではならぬ。⑸婬事たる不浄の行ないを離れよ。⑹夜に時ならぬ食事をしてはならぬ。⑺花環を着けてはならぬ。芳香を用いてはならぬ。⑻地上に敷いた床にのみ横たわるべきである。

これこそ、じつに〈八つの部分からなる円満なウポーサタ（布薩《ふさつ》）〉であるという。苦しみを終滅せしめた仏が宣示したものである。

そして、それぞれ半月の第十四日、第十五日、および第八日とに〈ウポーサタ〉を修せよ。また特別の月に〈八つの部分からなる円満なウポーサタ〉を、清く澄んだ心で行なえ。

〈ウポーサタ〉を行なった識者は、次に、清く澄んだ心で喜びながら、翌朝早く食物と飲物とを適宜に修行者たちに分かち与えよ。〔スッタニパータ〕

⑶　出家するということ

①　ラッタパーラは語った。

「じつに、もろもろの欲望の対象は美しく、甘く、愛すべく、さまざまのいろ・かたちをとって、心をかき乱す。そのようなわけで、王よ、わたしは、もろもろの欲望の対象において、それらの過誤を見つけて、出家したのである。

年若い青年もまた老人も、身体が破壊すると、果実が樹から落ちるように、生命を落とす。王よ、わたしはこのことを見て、出家したのである。真の道の人の生活こそ、勝《すぐ》れている」　〔テーラ・ガーター〕

② わたし（ヴァーシッティー尼）は子どもの死を憂《うれ》えて悲しみ、心が狂い、想いが乱れた。裸で髪をふり乱して、わたしはあちこちさまよい歩いた。四つ辻やごみためや墓地や大道を、三ヵ年の間、わたしは飢《う》えと渇《かわ》きに悩みながら、歩き回った。

時に、わたしは幸福な人（ブッダ）が、ミティラー市にこられたのを見た。かれは、いまだ調御されない人びとを調御し、なにものにも恐れおののかない覚者である。

わたしは平常の心にたちかえって、敬礼《きょうらい》して座についた。かのゴータマ（ブッダ）は、慈《いつく》しみをたれて、わたしのために真理の教えを説き示された。

かれの説く真理の教えを聞いて、わたしは家を捨てて出家した。師（ブッダ）の言葉に従って精励し、こよなき幸せの道を現にさとった。

あらゆる憂いは、すっかり断たれ、捨てられ、この世で〔輪廻の〕終りを告げる者となった。なぜならば、わたしはもろもろの憂いの生ずる根拠を知り尽くしたからである。

〔テーリー・ガーター〕

③　王（ミリンダ王）は問う。
「尊者ナーガセーナよ、あなたが出家したのは何のためですか。また、あなたがたの最上の目的は何ですか」

長老（尊者ナーガセーナ）は答えた。

「大王よ、〝願わくは、この苦は滅せられ、他の苦は生ぜざらんことを〟というこの目的のために、われわれは出家したのです。じつにわれわれの最上の目的は、生存に執《とら》われることのない完全な涅槃《ねはん》であります」

「尊者ナーガセーナよ、しかし、かれらすべてがこの目的のために出家するのですか」

「大王よ、実際はそうではありません。ある人びとはこの目的のために出家しますが、ある人びとは王におびやかされて出家し、ある人びとは盗賊におびやかされて出家し、ある人びとは負債に苦しめられて出家し、ある人びとは生活のために出家します。しかしながら、正しく出家する人びとは、この目的のために出家するのです」

「尊者よ、それでは、あなたはこの目的のために出家なさったのですか」

「大王よ、じつは、わたしは幼年にして出家しました。だから、まさにこの目的のためにみずから出家したのだ、とは知りませんでした。しかしながら、わたしはこのように思いました。〝これら道の人・釈子《しゃくし》の徒（仏弟子）は賢者である。かれらはわたしを修学《しゅがく》させてくれるであろう〟と。それで、わたしはかれらに修学させられて、〝出家するのは、じつにこの目的のためである〟と知り、かつ悟ったのです」

〔ミリンダ王の問い〕

④　修行者は、あたかも雲が空を行くように、一定した住所もなく、また水がとどまるところなく流れるように、寄る処《ところ》をもたない者こそ、〈僧《そう》〉と言うのである。〔正法眼蔵随聞記〕

⑤　在家でありながら、出家の心を内にもっている人は、迷いから出離することができるが、出家でありながら、在家の心を内にもっている人は、二重の過《あやま》ちを犯す者である。

〔正法眼蔵随聞記〕

⑥　老いた母を一人残して、出家することの是非を決心することは、むずかしいことである。しかし、それは他人が思案して解決できることではない。ただ自分でよく考えて、仏道に入ろうとする心が起こった時、まずさまざまの準備をし、方法を考え、かつ、また母が安心して生活できる用意をしてから仏道に入るならば、母のためにも仏道に入る自分のためにも、両者ともによいことになる。

もしこの世俗の生活を捨てて仏道に入ったならば、たとい、老いた母が餓死《がし》したとしても、一人息子の自分を許して仏道に入れてくれた功徳が母にあるのであり、その功徳が一人息子にとってさとりを得る善き縁《えん》とならないことがどうしてあろうか。〔正法眼蔵随聞記〕

⑦　グッター尼よ、汝は、最高の利益《りやく》のために、子供を捨てて出家したが、その利益をこそ増大せよ。心に支配されてはならない。〔テーリー・ガーター〕

(4)　真の仏弟子

①　「真の仏弟子」という言葉のうちで、「真」という言葉は、偽《ぎ》に対し、また仮《け》に対する言葉である。「弟子」とは、釈尊《しゃくそん》をはじめとする諸仏の弟子のことであり、金剛石《こんごうせき》のよ

うに堅固《けんご》な信心を得た念仏者のことである。このような堅固な信と、および念仏を称《とな》えるという行《ぎょう》とによって、必ず仏の大いなるさとりを開くことができる身となるから、「真の仏弟子」というのである。

〔教行信証〕

② 信心《しんじん》の決定《けつじょう》した人は、だれによらず、ちょっと見ただけでも尊く感じられる。しかし、このことは、その人が尊いのではなくて、その人のいただいている信心が尊いのである。信心は仏の智慧《ちえ》をいただくことであるから、弥陀《みだ》の智慧が尊く有難いということを、思い知らねばならない。

〔蓮如・御一代聞書〕

③ 一隅《いちぐう》を照らす人、この人こそ国の宝である。

〔山家学生式《さんげがくしょうしき》〕

④ 善いにつけ悪いにつけ、『法華経』を捨てることは、地獄《じごく》に堕《お》ちる業《ごう》となろう。そのようなわけで、わたし（日蓮《にちれん》）は二十年前に大願を立てたのである。すなわち、ここに人あって、「日本国の位をゆずろう。その代りに、『法華経』を捨てて、『観経』などによって余生を送るがよい」といったり、あるいは「念仏を称えなければ、父母の頸《くび》をはねる」というなどの大難がやってきても、智者によってわたしの本心がくつがえされない限り、

わたしはそれに耳をかさない。その他の大難は、風の前の塵《ちり》のようなもので、取るに足らないであろう。「われ日本の柱とならん。われ日本の眼目《がんもく》とならん。われ日本の大船とならん」などの誓願《せいがん》を、わたしは破ることはできない。

〔開目抄《かいもくしょう》〕

⑤　そもそも、毎月二回の寄り合いは何のためにあるのかといえば、まったくわれわれ自身が極楽《ごくらく》に往生《おうじょう》するための信心を得るためである。したがって、昔から今日に至るまで、毎月の寄り合いということはどこにも存在したとはいえ、信心のための寄り合いとしては、かつてなかったことである。とりわけ、近年はどこにおいても、寄り合いの時は、ただ酒・飯・茶などを飲食するだけで、みな帰ってしまう。これは仏法の本旨に照らして、あってはならないことである。信心を得ていない人びとは、多くの疑問を出して、信心の有無を話し合うべきなのに、何の目的もなく解散してしまうのは、あってはならないことと思われる。よくよく考慮すべきことである。結局、今日以後、信心を得ていない人びとは、たがいに信心の徳を讃《たた》え合うことが大切である。

〔蓮如・御文《おふみ》〕

4　空と慈悲

(1)　空の観察と体験

①　「どのように世間を観察する人を、死王は見ることがないのですか」という学生モーガラージャの質問に、ブッダは答えられた。

「モーガラージャよ、常によく気をつけ、自己に固執《こしゅう》する見解を打ち破って、〈世界は空《くう》である〉と観察せよ。そうすれば、死〔の恐れ〕を渡ることができるであろう。このように世界を観察する人を、死王は見ることがない」　〔スッタニパータ〕

②　じつに、この〈無相《むそう》なる心統一〉も形成されたものであり、思惟《しゆい》されたものである。およそ、形成されたものであり、思惟されたところのものは、すべて無常であり、滅する性質をもつものであるとさとる。このように知り、このように見ることによって、かれの心は愛欲の汚《けが》れより解脱《げだつ》し、またかれの心は生存の汚れより解脱し、またかれの心は無知

の汚れより解脱する。解脱した時、解脱したという智が生ずる。すなわち、輪廻《りんね》の生まれは尽きた、清らかな行ないはすでに完成した、なすべきことはなし終えた、もはや、再びこのような生存を受けることはないとさとる。

たとい、愛欲の汚れによって、どれほど心が煩《わずら》わされるものがあろうとも、いまやそれらはここに存在しない。たとい、生存の汚れによって、どれほど心が煩わされるものがあろうとも、いまやそれらはここに存在しない。たとい、無知の汚れによって、どれほど心が煩わされるものがあろうとも、いまやそれらはここに存在しない。しかしながら、なお心が煩わされるそのことが存在する。それはすなわち、生きている縁《えん》としての六つの感覚作用のある身体そのものによってであるとさとる。

かれは、愛欲の汚れによって想起されるものは空であるとさとる。生存の汚れによって想起されるものは空であるとさとる。無知の汚れによって想起されるものは空であるとさとる。しかもなお、空でないことが存在する。それはすなわち、生きている縁としての六つの感覚作用のある身体そのものによってであるとさとる。

このようにして、およそ、そこにないところのものは、そのことによって、それは空であるとくり返し観察する。しかも、またそこに残っているものがあるならば、その存在しているものを、これは存在するとさとる。

アーナンダよ、このようにして、かれにとっては、この〈ありのままにあること〉、〈顚倒《てんどう》しないこと〉、〈純粋に清浄であること〉が、最高・無上の空への悟入《ごにゅう》となるのである。

〔マッジマ・ニカーヤ〕

③　空屋《くうおく》（静寂なところ）に寝て、自己の感官を制御するかの聖者は、だれよりも勝れている。その空屋において種々の惑《まど》いを捨て去って生活せよ。なぜならば、このようなことは聖者にとってふさわしいからである。野獣が往来し、恐しいものが多く、蚊《か》・虻《あぶ》・毒蛇《どくじゃ》が多くても、偉大なる聖者は空屋に行き、そこにおいて一毛も動かすことがない。

〔サンユッタ・ニカーヤ〕

④　釈尊が問われた。

「サーリプッタよ、じつに汝《なんじ》のもろもろの感官《かんかん》は喜びに輝き、清浄《しょうじょう》である。皮膚の色は清らかに澄んでいる。サーリプッタよ、汝は今いかなる住《じゅう》に多く住しているのか」

「尊者よ、わたしは今多く〈空住《くうじゅう》〉に住しています」

「サーリプッタよ、もっともである。そのとおりである。サーリプッタよ、汝はじつに今多く〈偉人の住〉に住している。サーリプッタよ、なぜならば、〈偉人の住〉こ

そかの〈空住〉であるからである」　〔マッジマ・ニカーヤ〕

(2) 大乗の空

① 在家の青年よ、汝は、一切の存在は空《くう》であり、〈かたちのないもの〉であり、〈願求《がんぐ》すべきでないもの〉と了解して、〈智慧の完成〉を求めるべきである。かたちへの執われを捨てることにより、存在への執われを捨てることにより、そして生けるものたちが実在するという見解を離れることによって、汝は住すべきである。　〔般《はん》若《にゃ》経《きょう》〕

② およそ縁起《えんぎ》したものを、空であるとわれわれは説く。それはまた、縁《よ》りて仮説される存在であり、それはまた中道《ちゅうどう》である。

いかなる存在も、縁起したものでないものはないから、そのようなわけで、空でない存在は何もない。

もしも世間のすべてのものが空でないとするならば、生ずることも滅することもできないであろう。そして、〈聖なる四つの真実〉の非存在が汝に結合するであろう。

もしも不空《ふくう》であるならば、いまださとりを得ていない者がさとりに達することも苦しみの終滅を実現する行為もそしてすべての煩悩《ぼんのう》を断ずることも存在しないことになる。この縁起を見る人こそ、じつに、苦と、苦の原因と、苦の原因の消滅と、苦の原因の消滅に導く道を見る。〔中論頌《ちゅうろんじゅ》〕

③ 大乗《だいじょう》の求道者《ぐどうしゃ》も小乗《しょうじょう》の徒《やから》も、同じく空を観察するけれども、空を観察する仕方は同じではない。

なぜかというと、小乗の徒が観察する仕方は、心に空と有《う》とを観じ、そのようなわけで有を捨てて空をさとる。そして、自己を救うことだけを求めて他人を教化《きょうけ》することを目ざしていない。だから、かれは〈空を観察する〉と称しているけれども、空をかたちあるものと見るために、かえって〈相《そう》の観〉を成り立たせるのである。

ところが、大乗の求道者が観察するところは、有のうちにありながら、空を失っていない。空のうちにありながら、あらゆる教化を完成する。その立場に立つと、空はすなわち有である。また有はすなわち空である。有と無とのうちのいずれにも偏しないで、等しく成立して不二《ふに》である。そのようなわけで、これを名づけて〈真空観《しんくうかん》〉という。どうして小乗の徒と同じであろうか。〔維摩経義疏〕

④

その時、維摩居士《ゆいまこじ》は求道者たちに語った。

「みなさん、求道者が〈不二《ふに》の法門《ほうもん》に入る〉というのは、どういうことですか。めいめいの好きなように、これを説明してください」

その集まりの中に、〈法自在《ほうじざい》〉という名の求道者がいて、このように説いた。

「みなさん、生《しょう》と滅とは二つの対立したものである。ところが、いかなるものも本来、不生《ふしょう》であるから、今は滅するということもない。この〝生起のないことを認め知ること〟が〈不二の法門に入る〉ということである」

このようにして、求道者たちがそれぞれ説明し終わってから、維摩居士は文殊《もんじゅ》に問うた。

「求道者が〈不二の法門に入る〉というのは、どういうことですか」

文殊は答えた。

「わたしの考えによれば、すべてのことがらについて、言うこともなく、説くこともなく、示すこともなく、識《し》ることもない。もろもろの問答を離れている。これが〈不二の法門に入る〉ということです」

そこで、文殊は維摩居士に問うた。

「われわれは、各自に説き終わりました。さあ、あなたがお説きください。求道者が〈不二の法門に入る〉というのは、どういうことですか」

その時、維摩居士は黙然《もくねん》として言葉がなかった。文殊は感嘆《かんたん》して、こういった。

「みごとだ。みごとだ。さらに文字や言葉も存在しない。これが、真に〈不二の法門に入る〉ということである」

〔維摩経《ゆいまぎょう》〕

(3)　慈しみと悲れみ

① 大いなる慈《いつく》しみとは、すべての生きとし生けるものに楽しみを与えることであり、大いなる悲《あわ》れみとは、すべての生きとし生けるものの苦しみを抜くことである。大いなる慈しみは喜・楽の原因をかれらに与え、大いなる悲れみは苦しみを離れる原因をかれらに与えるのである。

〔大智度論〕

② 慈しみとは、生きとし生けるものに利益《りやく》を与えようとする心を発《おこ》すのを、その慈しみの特相《とくそう》とする。実際に生きとし生けるものに利益をもたらすことを、その作用とする。悩まし害することを抑《おさ》えることを、その状態とする。生きとし生けるものは愛すべきものであると見ることを、その直接原因とする。怒《いか》りの心がやんで発らないことを、その完成と

する。愛着心の発生を、その破壊とする。

悲れみとは、生きとし生けるものの苦しみを除こうとする心を発すのを、その悲れみの特相とする。他人が苦しむのを見て堪《た》えられないことを、その作用とする。いかなる悩みも与えないことを、その状態とする。苦しみに打ちのめされ、だれ一人よるべのない人を見ることを、その直接原因とする。憂《うれ》いの発生を、その破壊とする。

〔清浄道論《しょうじょうどうろん》〕

③　勝れた求道者は、家庭にある時には、妻子と一緒に生活しながらも、いまだかつて瞬時もさとりを求める心を捨てたことがない。正しく思念して全知者の智慧を思惟し、みずから解脱するとともに、さらに他の人びとを解脱させ、さとりを得させる。肉親を初めとして自分に属する人たちを善きてだてをもって教化し、かれらを求道者の智慧の海に入らせて解脱への道を完成させる。これらの人びとと在家の生活にとどまってはいるが、かれの心はなにものにも執《とら》われず、大悲を根本として家庭に住み、慈しみの心の故にわが妻子に随順し、求道者の修める心清浄の道に妨げとなるものを一つも生じない。

〔華　厳　経〕

④　仏心とは、大いなる慈悲の心である。わけへだてない慈しみをもって、すべての生けるものを救いとる心である。

〔観無量寿経《かんむりょうじゅきょう》〕

⑤　大慈悲は仏道を完成する正しい原因である。したがって、〈正道《しょうどう》の大慈悲〉というのである。慈悲《じひ》を起こす対象によって三種の慈悲がある。一には、生けるものの姿を見て起こす慈悲で、これを〈小悲〉という。二には、あらゆるものは無我《むが》であるとさとって起こす慈悲で、これを〈中悲〉という。三には、あらゆる差別《しゃべつ》の見解を離れて平等に救おうとする慈悲で、これを〈大悲〉という。〈大悲〉は出世間《しゅっせけん》の善である。安楽浄土《あんらくじょうど》はこの〈大悲〉から建立《こんりゅう》されたものであるから、この〈大悲〉こそ浄土建立の根本である。

〔浄土論註《じょうどろんちゅう》〕

⑥　今日、諸寺に住む人びとは、その寺院の財物をもって、訪れてきた老人や病人の面倒をみ、またかれらの窮乏《きゅうぼう》を救って、大いなる慈悲・忍耐の実践を発《おこ》すべきである。

〔指月《しげつ》・行乞篇《ぎょうこつへん》〕

5　求道者の実践

(1)　六つの完成

①　須菩提《しゅぼだい》（スブーティ）よ、そなたは「求道者・偉大な人の実践する大乗とは何か」と問うた。須菩提よ、それは〈六つの完成〉（六波羅蜜《ろくはらみつ》）のことである。何が〈六つの完成〉であるか。〈布施の完成〉、〈戒行の完成〉、〈忍耐の完成〉、〈精励の完成〉、〈心統一の完成〉、〈智慧の完成〉である。

すなわち〈布施の完成〉とは、あらゆる人びととともに精神的・物質的な布施を行ない、この上ないさとりに達するための善根とすること。

同じく〈戒行の完成〉とは、みずから十の善き行為を実践し、他の人びとにもこれを実践させること。

〈忍耐の完成〉とは、みずから忍耐の心を身につけるとともに他の人びとにも実践させること。

〈精励の完成〉とは、五つの完成（智慧以外の他の五つ）を実践し、一時も休まず、すべての人びとを五つの完成に安住させること。

〈心統一の完成〉とは、みずから心統一するためのてだてを用いることによって禅定《ぜんじょう》の諸段階に進み、しかもそれぞれの段階にとどまることをせず、他の人びとにも禅定の諸段階に進ませること。

そして〈智慧の完成〉とは、あらゆる存在するものに執著せず、そしてそれらの本性とは何かを観察し、他の人びとにもそのように教えることである。これらはかれの無所得の心によるものである。これを求道者・偉大な人の布施、戒行、忍耐、精励、心統一、智慧の完成と名づける。須菩提よ、これが求道者・偉大な人の実践する大乗である。〔般若経〕

(2) 布施

① 舎利弗《しゃりほつ》よ、求道者・偉大な人が〈布施の完成〉を実践する時、全知者の智慧に廻向《えこう》しようとする心をもって布施をなし、すべてのものを幻のようなものと観察する。すなわち、かれは布施する人、布施物、布施を受ける人の三者について実体を認めず、空《くう》のものと観察する。これを、〈布施の完成〉を実践する時の〈智慧の完成を飾る大いなる誓願のしつ

らえ〉と名づける。

〔般若経〕

② 布施する心とは、すべての生けるものたちに布施の心を向けることである。布施とは、〈身体による施《ほどこ》し〉、〈言葉による施し〉、〈意《こころ》による施し〉、〈財物の施し〉、〈真理の教えの施し〉をいう。
〔梵《ぼん》網《もう》経《きょう》〕

(3) 戒めをたもつ

① ミリンダ王が問うた。
「尊者（ナーガセーナ）よ、戒《いまし》めは何を特質としますか」

「大王よ、戒めは一切の善なる精神作用が、これにおいて確立することを特質とします。

大王よ、たとえば、いかなる種類の植物でも生育し繁茂するものは、すべて大地において確立して、それが成長し生育し繁茂するように、大王よ、それと同様に、修行者は戒めに依存し、戒めにおいて確立して、五つの勝れた働き、すなわち、信心・精励・専心・心統一・智慧の精神作用を修習《しゅじゅう》するのです」

〔ミリンダ王の問い〕

② 〝何が戒めの功徳《くどく》であるか〟というと、それは、後悔《こうかい》のないことなどの種々の功徳を獲得することが、戒めの功徳である。すなわち、「アーナンダよ。もろもろの善き戒めは、後悔のないことを目的とし、後悔のないことを功徳とする」と経典に説かれているからである。

〔清浄道論〕

③ すべて求道者のたもつところの、凡《ぼん》・聖《しょう》の戒めは、みな心を本体としている。だから、心が尽きれば戒めもまた尽きてしまうが、心の尽きることがないから、戒めもまた尽きることがないのである。

〔瓔《よう》珞《らく》経《きょう》〕

④ 求道者の戒めには、一々の戒めをたもつことだけがあって、これを破り捨てることがない。たとい戒めを犯すことがあっても、しっかりとたもって失わず、命のあらん限りたもち続ける。

〔瓔珞経〕

⑤ 戒めとは、誓願の本体であり、あらゆる実践の本源である。

〔梵網経〕

⑥　人の人たる道は十善戒《じゅうぜんかい》である。人の道を全《まっと》うすれば聖者の地位にのぼることができ、いずれは成仏《じょうぶつ》がもたらされる。

十善戒を世間の戒《かい》といい、沙弥《しゃみ》や比丘《びく》などの戒を出世間の戒といい、菩薩《ぼさつ》の戒を在家と出家共通の戒という。要するに世間戒も出世間戒も、声聞戒《しょうもんかい》も菩薩戒も、この十善戒を根本とするのである。〔十善法語《じゅうぜんほうご》〕

(4)　耐えしのぶ

①　無知の者たちが悪口《あっく》・雑言《ぞうご》を吐《は》き、また刀や杖《つえ》で危害《きがい》を加えても、われわれはみな耐《た》え忍《しの》ぶべきである。

われわれは仏を敬《うやま》い信じている身であるから、忍耐という鎧《よろい》をしっかり身につけるべきである。〔法　華　経〕

②　仏弟子よ、怒りに対して怒り返し、暴力に対してなぐり返してはならない。〔梵　網　経〕

③　たとい身をさまざまな苦難の毒の中におこうとも、わたし（法蔵菩薩《ほうぞうぼさつ》）は修行に精励《せいれい》

して、いかなる苦難にも耐え忍び、心に悔《く》いることはないであろう。〔無量寿経〕

④　この汚《けが》れた世において、忍びがたきをよく忍ぶところの、そのような困難なものこそ、自分がそれに怒り悩むことをとおして、わが忍耐力を完成させるものである。賢者や善人と交わって、かれらが慈悲《じひ》・忍耐《にんたい》の心の所有者であることは、珍しくない。この場合はさておくとして、むしろわれわれは、恩《おん》に背《そむ》く人を見て自己の忍耐力を完成し、暴悪な人を見て自己の忍耐力を完成し、そして憍慢《きょうまん》な人を見て自己の忍耐力を完成することである。つまり一人が存在することによって、一切の人びとに対する慈悲心を生ずることになる。ここに至って、この人は真実の持戒《じかい》の人といえよう。〔十善法語〕

(5)　つとめはげむ

①　精励は不死の道であり、放逸《ほういつ》は死の道である。精励の人は死ぬことなく、放逸の人は死んだも同然である。〔ダンマパダ〕

②　先になすべきことがらをあとでしようとする者は、安楽の場所から落ちて、あとで後

悔する。　〔テーラ・ガーター〕

③　わたし（王女スメーダー）自身の頭が焼かれている時、他人は何をわたしのためにしてくれるであろうか。わたしは老いと死に追いかけられているから、それを滅ぼすためにみずから努め励まねばならない。　〔テーリー・ガーター〕

④　ミリンダ王は問う。
「尊者ナーガセーナよ、あなたがたは語る、〃願わくはこの苦は滅せられ、他の苦は生ぜざらんことを〃と」

長老は答える。

「大王よ、わたしどもが出家しているのは、このためなのです」

「それは、あらかじめ努力したために起こるのでしょうか。むしろ、時が到来した時に努力すべきではないでしょうか」

「大王よ、時が到来して初めてなされる努力は、じつは、なすべきことをなさないのです。あらかじめなされる努力こそ、なすべきことをなすのです」

「たとえを述べてください」

「大王よ、あなたはどうお考えになりますか。あなたは、のどが渇《かわ》いた時になって初めて、〃わたしは飲料水を飲もう〃といって、井戸を掘らせ、貯水池を掘らさせますか」

「尊者よ、そうではありません」

「大王よ、それと同様に、時が到来して初めてなされる努力は、じつは、なすべきことをなさないのです。あらかじめなされる努力こそ、なすべきことをなすのです」

〔ミリンダ王の問い〕

⑤　わたし（臨済《りんざい》）なども出家した当初は、戒律の研究をし、また経論の勉学に努力したが、後に、これらは世間の病気を治《なお》す薬の効能書《こうのうがき》のようなものであると知ったので、思い切って勉強を打ち切り、道を求めて禅に参じた。その後、立派な善知識《ぜんちしき》（善き指導者）に逢《あ》って、真正《しんせい》のさとりを得、初めて天下の和尚たちのさとりの邪正《じゃせい》を見分けられるようになった。これは、母胎から生まれたままで自然にそうなったのではない。長い間、研鑽《けんさん》・錬磨《れんま》を重ねて、初めてそうなれたのだ。
〔臨《りん》済《ざい》録《ろく》〕

⑥　壮年《そうねん》の時、修行《しゅぎょう》をせず、あるいは心の財宝を獲得しなければ、折れた弓のように、過去を偲《しの》び歎《なげ》いて横たわる。
〔ダンマパダ〕

⑦　世尊《せそん》は修行者たちに告げられた。
「ああ、修行者たちよ、きみたちに告げよう、〝もろもろの事象《じしょう》は滅びゆくものである。怠《おこた》ることなく、努め励めよ〞と」

これが、人格完成者（如来、ゴータマ・ブッダ）の最後の言葉であった。

〔大般涅槃経（パーリ文）〕

(6)　心をととのえる

①　智慧のない者には心統一がない。心統一のない者には智慧がない。心統一と智慧をもつ者は、じつに安らぎ（涅槃《ねはん》）に近づく。
〔清浄道論〕

②　すべての欲を捨てて生存への執《とら》われを離れ、喜びと楽しみが清らかに澄み、次第に三《さん》昧《まい》（心統一）に入り、執著《しゅうじゃく》するところなく、煩悩《ぼんのう》を焼き滅ぼして無量の三昧を生じ、また大神通力《じんつうりき》を具える。次々に三昧の段階を超えて、無量の三昧を体得する。しかも一つの三昧の中で無量の三昧に入り、ありとあらゆる三昧の境地を知り尽くして、漸次《ざんじ》に諸仏の智

慧を具えるに至る。これが清浄な〈心統一の完成〉である。
〔華　厳　経〕

③　瞑想《めいそう》に専念する修行者は、少欲《しょうよく》にして足《た》るを知り、世俗から遠離《おんり》し、独坐《どくざ》の思惟《しゆい》をなして、常にすべての世間の人びとに好まれるべきである。
〔ミリンダ王の問い〕

④　ミリンダ王は問う。
「尊者ナーガセーナよ、智慧は何を特質としますか」

「大王よ、わたしはすでに〝智慧は切断を特質とする〟といいました。しかしながら、また智慧は光照《こうしょう》作用を特質とします」

「尊者よ、いかにして智慧は光照作用を特質とするのですか」

「大王よ、修行者に智慧が生じつつある時、智慧は無知の闇《やみ》を破り、明知《みょうち》の光を生じ、知識の光明《こうみょう》を現わし、聖なる真理を明らかにします。それから、修行者は〝無常である〟とか〝苦である〟とか〝非我《ひが》である〟とかいって、正しい智慧によってすべての存在を見るのです」

「たとえを述べてください」

「大王よ、たとえば、ある人がいて、かの闇黒《あんこく》の家に灯火をもってくるとしよう。もちこまれた灯火は闇を破り、光を生じ、光明を現わし、いろ・かたちを明らかにするように、大王よ、それと同様に、智慧が生じつつある時、智慧は無知の闇を破り、明知の光を生じ、知識の光明を現わし、聖なる真理を明らかにします。それから、修行者は〝無常である〟とか〝苦である〟とか〝非我である〟とかいって、正しい智慧によってすべての存在を見るのです。大王よ、そのように智慧は光照作用を特質とします」

〔ミリンダ王の問い〕

⑤　観自在菩薩《かんじざいぼさつ》が深遠なる〈智慧の完成〉（般若波羅蜜）を実践していた時、〈五つの構成要素の集合〉（五蘊）は、すべて空《くう》なるもの（実体のないもの）であると洞察《どうさつ》して、一切の苦しみ・災《わざわ》いを超えられた。

舎利子《しゃりし》（シャーリプトラ）よ、この世において、いろ・かたちあるものは空なるものに外《ほか》ならず、空なるものこそがいろ・かたちあるものとして成立する。いろ・かたちあるものはそのままが空なるものであり、空なるものはそのままがいろ・かたちあるものである。感受作用、表象《ひょうしょう》作用、意志作用、および認識作用についてもまた、これと同じである。

舎利子よ、この世において、すべて存在するものは空なることを特相としている。生じたものでもなく、滅したものでもなく、汚《けが》れたものでもなく、清いものでもなく、増すこともなく、減《へ》ることともない。そのようなわけで、空なるものであるという点からいえば、存在の構成要素であるいろ・かたちあるもの、感受作用、表象作用、意志作用、および認識作用の五つは成立しない。また、視覚、聴覚、嗅覚、味覚、触覚、および意識の〈六つの感覚作用〉も存在しない。さらに〈感覚作用の働く六つの領域〉すなわちいろ・かたちあるもの、音声、香り、味、触れられるもの、および観念も存在しない。無知もなく、無知の滅尽《めつじん》もない。老いることも死ぬこともなく、老いることや死ぬことの滅尽もない。苦《く》・集《じゅう》・滅《めつ》・道《どう》の〈四つの真実〉もない。智慧もなく、智慧によってさとりに達することもない。達するということがないから、求道者・偉大な人は〈智慧の完成〉をよりどころとして、心の束縛《そくばく》を離れている。心の束縛を離れているから、恐怖《くふ》がなく、顚倒《てんどう》・妄想《もうぞう》の見解から遠離《おんり》して、究極の安らぎに入っている。過去・未来・現在におけるすべての仏たちも、この〈智慧の完成〉をよりどころとして、この上ない正しいさとりを得ている。

そのようなわけで、「〈智慧の完成〉は、じつに勝れた神聖な語句であり、勝れた真理の語句であり、この上ない真実の語句であり、比較を絶した語句であり、あらゆる苦しみを除き去る、真実にして偽《いつわ》りのない語句である」と、このように知るべきである。ここにおいて〈智慧の完成〉という真実の語句は、次のように説かれている。

ガテー　ガテー　パーラガテー　パーラサンガテー　ボーディ　スヴァーハ

（ゆける者よ、ゆける者よ、彼岸にゆける者よ、彼岸にともにゆける者よ、さとりよ、栄えあれ）

〔般若心経《はんにゃしんぎょう》〕

6　さとりの実現

(1)　生けるもののすがた

①　人の生を享《う》けることはむずかしく、死すべきもの（人間）の生きることもむずかしい。正しい教えを聞くことはむずかしく、目覚めた人たちのこの世に出現することもむずかしい。

〔ダンマパダ〕

②　世間は行為によって存在し、人びとは行為によって存在する。生きとし生けるものは業《ごう》（行為）に縛られている。あたかも進みゆく車が轄《くさび》に結ばれているようなものである。

賢者はこのようにこの行為をありのままに見る。かれらは縁起《えんぎ》を見る者であり、業（行為）とその果報《かほう》とを熟知《じゅくち》している。

〔スッタニパータ〕

③

ミリンダ王は問う。

「尊者ナーガセーナよ。死んでから後に、次の世に生を結ばないものがありますか」

長老（尊者ナーガセーナ）は答える。

「ある人は次の世に生を結びますが、しかし、ある人は次の世に生を結ばないのです」

「だれが次の世に生を結び、またたれが次の世に生を結ばないのですか」

「大王よ、煩悩《ぼんのう》のある者は次の世に生を結びますが、煩悩のない者は次の世に生を結ばないのです」

「しからば、尊者よ、あなたは次の世に生を結びますか」

「大王よ、もしもわたしが生存に対する執著をもっているならば、次の世に生を結ぶことでしょう。またもしも執著をもっていないならば、次の世に生を結ぶことはないでしょう」

「わかりました。尊者ナーガセーナよ」

〔ミリンダ王の問い〕

(2)　愚かなるわれ

①

つらつら、わたし自身のこしかたをふりかえってみるに、なに一つ戒《いまし》めをたもつことなく、それでいて出家生活に必要な衣服・飲食・臥坐具《がざぐ》・医薬の四つを受けてきた。しかも迷妄のわたしであるから、おそらく未来には生けるものたちの怨敵《おんてき》となるであろう。

ここにおいて、愚者の中の最も愚なる者、狂人の中の最も狂なる者であり、道心《どうしん》なきかたちばかりの出家者にして、下劣な人間であるわたし最澄《さいちょう》は、上は諸仏の教えに違《たが》い、中は王法に背《そむ》き、下は人倫《じんりん》の道にかけているけれども、謹《つつし》んでわが迷狂《めいきょう》の心にまかせて五つの誓願を立てた次第である。〔伝教大師願文《でんぎょうだいしがんもん》〕

② 主上《しゅじょう》も臣下も、仏法に背《そむ》き、道理に違《たが》って、われわれに怒りを生じ、怨《うら》みを抱くに至った。そのことによって、真実の教えをわが国に興隆《こうりゅう》された太祖《たいそ》・源空《げんくう》聖人ならびにその門弟《もんてい》数人を、罪の当否を吟味《ぎんみ》することなく、無法にも死罪に処したり、あるいは僧の身分を奪って還俗《げんぞく》させ、俗名《ぞくみょう》を与えて遠国に流罪《るざい》とした。わたしはその中の一人である。したがって、わたしはもはや僧でも俗人でもない。それ故に、禿《かむろ》の字を使って、「愚禿《ぐとく》」と称するに至ったのである。〔教行信証〕

③ 善い心が起こるのも、過去になした善行の招く結果であり、悪事をしようと思う考えが起こるのも、過去になした悪行の働きによる。亡き聖人（親鸞）は「兎の毛や羊の毛の

先端についている塵ほどのわずかな罪でも、犯した罪の宿業《しゅくごう》（過去になした行為）によらないものはない」と仰せられた。

またある時、聖人はわたしにこう仰せになった。

「唯円坊《ゆいえんぼう》は、わたしのいうことを信ずるか」

「はい、信じます」

「それでは、わたしのいうことに背《そむ》かないか」

「そのとおりにいたします」

「ではまず、人を千人殺してくれないか。そうしたら、必ず浄土に生まれられよう」

「聖人のお言葉ではございますが、わたしの力量では、ただの一人も殺すことができそうもありません」

「それでは、どうして親鸞のいうことに背きませんといったのか。これで判るだろう。どんなことでも思いのままにできるものなら、浄土へ生まれるために千人殺せといわれた時に、ただちに殺すであろう。けれども、一人でも殺さねばならない業縁《ごうえん》がないために、殺さないだけなのだ。自分の心が善いから殺さないのではない。また、殺すまいと思っても業縁があるなら、百人あるいは千人を殺すこともあるだろう」

これは、わたしたちが自分の心が善ければ浄土に生まれられると思い、心が悪ければ生まれられないと思って、如来の誓願の不思議によって救ってくださるということを知らないでいるのを指摘して、仰せになったのである。

本願に甘えたために罪を作っていくということも、もとはといえば、宿業の報いによるものである。それ故に、善いことも悪いことも宿業の報いのままにまかせて、ひたすら本願をおたのみすることこそ、他力《たりき》を仰ぐというのである。

〔歎異抄《たんにしょう》〕

(3)　迷いとさとり

①　〈五つの構成要素の集合〉（五蘊）をありのままに見、あらゆる迷いの生存を打ち破った。わたし（バギッタ長老・サーミダッタ長老）は、生死《しょうじ》・輪廻《りんね》を断じ尽くした。いまや、再生を受けることはない。

およそ輪廻の存続する限り、無限の苦しみがある。この身体の破壊と生命の破滅によって、もはやわたしに他の再生はない。わたし（ザラバンガ長老）はあらゆるものから解脱《げだつ》しているからである。

〔テーラ・ガーター〕

②　人がさとりを得るのは、水に月が宿るようなものである。月は水にぬれず、水もそのために壊《こわ》れない。月は広く照らす大きな光であるけれども、わずかな水にも宿る。月のすべてでも天空のすべてでも、草の露にも宿れば、あるいは一滴の水にも宿る。さとりが人を変えないことは、月が水を突き破らないようなものである。また、人がさとりを妨げないのは、一滴の露が天上の月を妨げないようなものである。

〔正法眼蔵〕

③　舎利弗《しゃりほつ》は問う。

「淫欲《いんよく》と怒りと迷いを離れることを解脱《げだつ》というのではありませんか」

天女は答える。

「まださとりもしないのにさとったと思い上っている増上慢《ぞうじょうまん》の人のために、仏は〝淫欲と怒りと迷いを離れることを解脱というのである〟とお説きになられたのにすぎません。もしも増上慢のない者に対しては、〝淫欲と怒りと迷いの性《さが》のあることが、すなわち解脱である〟と仏はお説きになられたのです」

舎利弗は問う。

「もしもそうであるならば、なぜ昔は淫欲と怒りと迷いを離れることを解脱とみなしたのですか」

天女は答える。

「ただ、生存への執著《しゅうじゃく》をもつ増上慢の人のために、仏は煩悩を離れることが解脱であるとお説きになったのです。ところが、もしも生存への執著を離れ、増上慢のなくなった人には、仏は〝煩悩はすなわち解脱である〟とお説きになられたのです」

〔維摩経義疏〕

④　不可思議中の不可思議、絶対中の絶対であるものは、自己の心の仏ではないか。自己の心に迷うから、六道《ろくどう》（六つの迷いの世界）の波は揺《ゆ》れ動く。心の本源をさとるから、さとりの大水は澄んで静かである。

この澄んで静かな水があらゆる事象の影を映すように、一心の仏はあらゆるものを知り尽くす。人びとはこの道理に暗いために、果てしない迷いの輪廻をくり返すのである。

〔秘蔵宝鑰《ひぞうほうやく》〕

⑤　煩悩に汚《けが》された凡夫《ぼんぷ》といえども、ひとたび信心を発《おこ》すならば、「生死《しょうじ》の世界がそのまま涅槃である」という真理をさとらしめられる。

〔教行信証〕

7　道と得道の人

(1)　さとりの道

①　口先に説くだけで実行しなければ〈道〉を体得することはできない。たとえば、高い山に登ろうと思えば、道に迷わないように、また足を傷つけないように気をつけて、歩いていくだけでよい。そして、歩き続けて休まなければ、山頂に達する機会をもつことができるようなものである。このごろの者が、仏法を体得することができないのは、ただ教理の深浅や教説の優劣を論ずるだけで、実際に修行しないからである。たとえば、高い山に登ろうとしておりながら、麓《ふもと》にいて山上の景色の素晴らしいことを話したり、あるいはまだ一歩も登らないのに山道の曲折を論じたりするようなものである。おそらく話しているうちに、日はとうに暮れてしまうであろう。〔十善法語〕

②　須菩提《しゅぼだい》は問うた。

「世尊よ、どのようにして、さとりを得るのですか」

仏は答えられた。

「さとりに至る道によって、さとりを得るのではない。また、道でないものによって、さとりを得るのでもない。須菩提よ、さとりがそのまま道であり、道がそのままさとりなのである」

〔般若経〕

③　〈道〉とは、なにものにも妨げられない自由の道である。晋訳《しんやく》『華厳経《けごんきょう》』において、このように説かれている。

「十方のあらゆる世界にいますところの、妨げなき自由自在の仏たちは、一道によって迷いの生死を出離《しゅつり》して仏となりたもうた」

この文のうちの〈一道〉とは、なにものにも妨げられない絶対自由の道のことである。〈なにものにも妨げられない〉境地とは、迷いの生死がさとりの涅槃《ねはん》に他ならないとさとることである。そして、生死と涅槃の二つが本来不二《ふに》（別のものでない）のものであるということをさとらせる数々の教えが、〈なにものにも妨げられない〉ことを具体的に説いているのである。

〔浄土論註〕

④　〈さとりを得ようとする心〉を発《おこ》した初心のうちに、すでにさとりがある。この心を発した一刹那《せつな》のうちに、数限りない生存が包まれている。求道者《ぐどうしゃ》の最初の修行段階である十信《じっしん》の位において、すでに仏道が完成されている。つまり、さとりを得ようとする一思念のうちに、仏の境界《きょうがい》がすべて含まれているのである。〔妄尽還源観《もうじんげんげんかん》〕

⑤　どの仏祖《ぶっそ》（仏や祖師たち）も、みな、もとは凡夫であった。そして凡夫の時には必ず悪い行ないもあり、悪い心もあったし、また愚鈍《ぐどん》であり、無知でもあった。しかしながら、それをすっかり改めて、指導者に従って仏道を修行したから、みな、仏祖となったのである。

今の人もそうでなくてはならない。わが身が愚鈍であるからといって、卑下《ひげ》してはならない。今の世で仏道に向けて発心《ほっしん》しなければ、いつの時を待って仏道の修行ができようか。今ここで、修行に精励《せいれい》するならば、必ず仏道を体得することができる。〔正法眼蔵随聞記〕

(2) 得道の人

①　趙州《じょうしゅう》和尚が師の南泉《なんせん》和尚に問うた。

「〈道〉とは、どのようなものですか」

南泉は答えた。

「平常心《へいじょうしん》が〈道〉である」

「どうしたらその〈道〉にかなうことができますか」

「汝がその〈道〉にかなおうと努めれば、かえって〈道〉に背《そむ》くことになろう」

「〈道〉にかなおうと努めないで、どうして〈道〉を知ることができますか」

「〈道〉は、知るとか知らないとかいうことに関係しない。知るといっても、それは妄想《もうぞう》であり、知らないといっても、それは答えたことにはならない。もしも、本当に疑う余地のない〈道〉に達するならば、あたかも空がからっと晴れわたったようなものだ。ことさらにあれこれと論じたてる必要がないではないか」

〔無《む》門《もん》関《かん》〕

② 〈道〉の本質と現象とは、生じたり滅したりしないことである。そのようなわけで、「〈道〉はこれこれである」といって、とらえることができない。良家の青年よ、このように、〈道〉は形体あるものとして認識したり、量《はか》りにかけてその量を知ったりすることはできないけれども、〈道〉のもつ働きをとおして、〈道〉そのものをとらえることができる。

〔大般涅槃経〕

③　およそ、菩薩《ぼさつ》たるものはすべての人びとをみな「一道」に帰入《きにゅう》させることが大切である、ということをよくわきまえている。しかも、この「一道」とは大乗《だいじょう》のことであり、仏・菩薩たちは、人びとを教え導くために、仮《かり》にこれを分けて、声聞乗《しょうもんじょう》・縁覚乗《えんがくじょう》・菩薩乗《ぼさつじょう》の三つの教え（三乗教）を説かれた。そのようなわけで、菩薩は絶対の真実である「一道」を信じて、それにさからうことなく順《したが》うのである。〔大般涅槃経〕

④　〝昔の三乗教は方便《ほうべん》である〟といったわけは、理論からいえば、三乗と一乗の区別はないのであるが、ただ人びとを教化《きょうけ》するために三乗の立場で説いたのである。そのようなわけで、〝昔の三乗教は方便である〟といったのである。

〈真実〉というのは、今ここに説く一乗教をいう。この一乗教は実《まこと》であって虚妄《いつわり》のものではないから、〈真実〉と称するのである。〔法華義疏《ほっけぎしょ》〕

(3)　道心をおこす

①　〈さとりを得ようとする心〉は、すべての仏たちの種子《しゅうじ》である。なぜならば、この心

がすべての仏たちの教法を生ずるからである。
〔華厳経〕

② 国宝《こくほう》とは何をいうのか。〈宝〉とは道心《どうしん》であり、この道心ある人を名づけて、〈国宝〉という。
〔山家学生式〕

③ だれでも、最初から道心のある人などがいるだろうか。ただこのように、発《おこ》しにくい道心を発し、行《ぎょう》じにくい仏道を行じていくと、おのずと進歩・向上するのである。人にはみな〈仏性《ぶっしょう》〉がある。いたずらに身を卑下《ひげ》してはならない。
〔正法眼蔵随聞記〕

④ もしも、さとりを求める心を発すこと（発心《ほっしん》）がないならば、いかなることも成就《じょうじゅ》しないであろう。
〔天台四教儀〕

⑤ 初めて発心する時、正覚《しょうがく》（正しい仏のさとり）を得る。この時に、あらゆる事象の真実の本性《ほんしょう》を知り、智慧《ちえ》の身を具え、他によってではなく、みずからさとりの眼《まなこ》を開くからである。
〔華厳経〕

⑥　究極にして完全な教えである〈法界縁起《ほっかいえんぎ》〉の意義を、人は自身で体得した時、その人の惑《まど》いのすべてが断たれ、過去・未来・現在と流転《るてん》される惑いのすべてを、ここに滅ぼすことができる。また、その人における修行の功徳《くどく》の完成ということも、一修行の完成が全修行の完成となっている。このように、普遍《ふへん》と特殊《とくしゅ》、始めと終わりが相即《そうそく》しているから、人は初めて発心する時、ただちにさとりを完成する。

〔五教章《ごきょうしょう》〕

(4)　仏道を学ぶ

①　仏道を修めるということは、自己を修めることである。自己を修めるということは、自己を忘れることである。自己を忘れるということは、認識の対象となるすべてのものから自己が照らし出されることである。自己がすべての対象から照らし出されるということは、自己の身心《しんじん》と他己《たこ》の身心の間に、自他の対立がすっかりなくなることである。これをさとりというが、真のさとりとは、さとりの跡形《あとかた》さえもなくなったものであって、この跡形さえもなくなったさとりの境地《きょうち》を、人は現実人生の上にいついつまでも打ち出していくべきである。

〔正法眼蔵〕

②　夜話にいわれた。

古人は、〝朝《あした》に道を開いたら、夕《ゆう》べに死んでもよい〟といっているが、今日、仏道を学ぶ者はこの心をもつべきである。われわれは過去に幾多の生存を限りなくくり返し、空《むな》しく生まれ変わり死に変わりしてきたのは数知れない。このたび、まれに人間界に生まれ、しかもたまたま仏法に出会ったのであるから、このように思い定めるべきである。どうみても必ず死ななくてはならないこの身である以上、自分の気持だけで愛《いと》しく惜《お》しんでいても、思いどおりになるものではない。結局、捨てていくべき命だから、この命を一日でも数時間でも、仏法を学ぶために捨てたならば、未来永遠の安楽の因《もと》となるであろうと。

〔正法眼蔵随聞記〕

③　人びとにとって、現世《げんせ》を過ごす在り方は、念仏《ねんぶつ》を称《とな》えることができる身であるように過ごすべきである。念仏の妨《さまた》げになるならば、どんなことでもすべてそれらを厭《いと》い捨てて、念仏を称えよ。

すなわち、独身の出家者として称えることができないならば、妻帯して称えよ。妻をめとって称えることができないならば、出家者の身となって称えよ。家に住んで称えることができないならば、遍歴遊行《ゆぎょう》して称えよ。遍歴して称えることができないならば、家にいて称えよ。自己の力量で得た衣食によって称えることができないならば、他人の衣食の助けによって称えよ。他人に助けられて称えることができないならば、自己の力量で得た衣食によって称えよ。一人で称えることができないならば、仲間の人びとと一緒に称えよ。人びとと一緒になって称えることができないならば、独りこもって称えよ。

衣と食と住との三つは、念仏を称える実践の助けとなるものである。つまり、自己自身が安穏《あんのん》に生活し、念仏によって来世《らいせ》の浄土往生《じょうどおうじょう》を遂《と》げようとするためには、日常生活のすべての行ないが念仏を称えることの助けとなるのである。

〔法然上人法語〕

④　蓮如《れんにょ》上人は「本尊《ほんぞん》は破れるほどかけて礼拝《らいはい》せよ。聖教《しょうぎょう》は破れるほど読んでその精神を会得《えとく》せよ」と対句《ついく》にして仰せになった。

〔蓮如・御一代聞書〕

⑤　ある仏法者がいわれた。

「仏法は若い時にこそ心がけて身につけるべきである。年をとれば、歩くことも困難となり、参詣《さんけい》も思うにまかせず、たとい聴聞《ちょうもん》しても、眠気《ねむけ》をもよおすことになろう。だから、若い時に心がけて仏法を聞くべきである」

〔蓮如・御一代聞書〕

⑥　わたしは、わが師を得たい。弟子は欲しくない。世の常として、ちょっとしたことから師になりたがるけれども、人に随《したが》って、一生、その人の弟子にはなりたがらないものである。弟子をとって仕込もうとするよりは、さとりを得る身となるまでは、自身の心をこそ仕込むべきである。〔明恵上人遺訓〕

8　信心の風光

(1)　信心の構造

①　〈信心《しんじん》〉とは、人が教えを堅《かた》く信じて心に決定《けつじょう》し、ここから退《しりぞ》くことがないようにと願うから、この〈信心〉を発《おこ》すのである。〈信心〉に十種の意味がある。

一には、澄《す》み清めるという意味。〈信心〉はその人の心の本性《ほんしょう》を清浄《しょうじょう》・明白《めいはく》にさせるからである。二には、決定させるという意味。心の本性をしっかと確定するからである。三には、歓喜《かんぎ》させるという意味。さまざまな憂《うれ》いや悩みを除き滅ぼすからである。四には、厭《あ》きさせないという意味。怠《なま》け心を除き去るからである。五には、他人のなした善をわがこととして喜ばせるという意味。他人の勝れた行ないに対して、自分もそのようにしようとする心を発するからである。六には、尊重させるという意味。有徳者《うとくしゃ》たちを軽蔑《けいべつ》しないからである。七には、随順《ずいじゅん》させるという意味。見たり聞いたりすることがらに対して、決してさからったりしないからである。八には、誉《ほ》め讃《たた》えさせるという意味。他人の勝れた行ないに対して、心からそれを誉め讃えるからである。九には、破壊《はかい》されないという意味。一心に専注して教えを忘失《ぼうしつ》しないからである。十には、教えを味得《みとく》させるという意味。慈《じ》悲心《ひしん》を完全に具《そな》えた人たらしめるからである。〔三昧耶戒序《さんまやかいじょ》〕

② 〈信心〉という二字を訓《くん》で読めば、「まことのこころ」である。「まことのこころ」とは、念仏者自身の悪《あ》しき自力《じりき》の心をもって助かるはずはなく、ひとえに如来の他力《たりき》の真実心によって助かるのであるから、「まことのこころ」といわれるのである。〔蓮如・御文〕

(2) 念仏

① およそ、人びとが速やかに輪廻《りんね》の生存を離れようと欲するならば、仏教の二種の勝れた教えのうちで、ひとまず聖道門《しょうどうもん》（聖者が修める仏道、浄土門に対する語）の教えをさしおいて、浄土門《じょうどもん》（念仏によって往生・成仏することを説く浄土教）の教えを選びとり、この教えに帰すべきである。

そして、浄土門の教えに入ろうと欲するならば、〈正行《しょうぎょう》〉と〈雑行《ぞうぎょう》〉のうちで、ひとまず〈雑行〉をなげうって、〈正行〉を選びとり、それに帰すべきである。さらに〈正行〉

を修めようと思うならば、〈正行〉を分けて〈正業《しょうごう》〉と〈助業《じょごう》〉とするうちで、〈助業〉をかたわらにおいて、〈正業〉を選びとり、それをもっぱら修めるべきである。

まさしく浄土往生を確定するための〈正定業《しょうじょうごう》〉というのは、阿弥陀仏《あみだぶつ》の名前を称《とな》えることである。人はこの仏の名前を称えるならば、必ず浄土に往生することができる。なぜならば、そのことは仏の本願に基づいているからである。

〔選択集〕

② 浄土教《じょうどきょう》に関する諸経典の趣旨をうかがってみると、称名《しょうみょう》は、生けるものたちの迷いの根源（無明《むみょう》）をすべて打ち破り、生けるものたちのあらゆる願いを満たしてくださる。
そのようなわけで、称名は、最勝にして真妙《しんみょう》な、まさしく浄土に往生する業《たね》である。まさしく浄土に往生する業は、口に称える念仏である。念仏は南無《なむ》阿弥陀仏である。南無阿弥陀仏という仏のみ名は、われわれの信心である。この理《ことわり》をよくよく知るがよい。

〔教行信証〕

③ 弥陀《みだ》の本願《ほんがん》信《しん》ずべし本願信《ほんがんしん》ずるひとはみな摂取不捨《せっしゅふしゃ》の利益《りやく》にて念仏する者をかならず往生せしめたもう弥陀の本願を信じよ。本願を信じる人はだれもが、収《おさ》めとって決してお捨てにならない阿弥陀仏の働きを身に受けて、か

無上覚《むじょうかく》をばさとるなり　ならず無上のさとりをひらかしめられる。

〔正像末和讃《しょうぞうまつわさん》〕

④　昔、ある人が空也《くうや》上人に、「念仏はどのように称《とな》えるべきでしょうか」と問うたところ、「捨ててこそ」とだけいわれて、外《ほか》に何もいわれなかった、と西行《さいぎょう》法師の『撰集抄《せんじゅしょう》』に記《き》載《さい》されている。これはまことに金言《きんげん》である。

念仏の行者は智慧も愚かさも捨て、善悪の世界も捨て、身分の貴賤《きせん》や上下の別も捨て、地獄を恐れる心も捨て、極楽を願う心も捨て、また諸宗で説くさとりも捨て、一切のことを捨てて申す念仏こそが、勝れた弥陀の本願の心にかなうのである。このように、くり返し、くり返しして称えれば、仏もなく自分もなく、まったくこのうちには我他《がた》・彼此《ひし》を立てる道理もない。善悪の世界はみな浄土である。浄土をわれわれの心の外に求めてはいけない。この穢土《えど》を嫌ってはいけない。すべて生きとし生けるもの、山河草木、吹く風や立つ浪の音でも念仏でないということはない。人間だけが勝れた弥陀の本願に救われるのではないのだ。

〔一遍上人語録《いっぺんしょうにんごろく》〕

⑤　念仏を称えるということだけが、最後まで一貫した大慈悲心である。

〔歎　異　抄〕

(3) 真　言

① 地・水・火・風・空《くう》・識《しき》の六つの要素（六大《ろくだい》）は存在するものの本体であり、この本体から生じたものはたがいに渉入《しょうにゅう》し相応し合っている。さらに、すべて存在するものは具体的特相として〈四種の曼荼羅《まんだら》〉を現わして、たがいに不離の関係に在る。また、仏と生けるものたちには身体と言葉と意《こころ》による〈三つの秘密〉の働きがあって、両者はたがいに相応し合っている。

修行者はこのような意義を観察して、手に印契《いんげい》を結び、口に真言《しんごん》を唱《とな》え、心統一の境地に入るならば、肉身のままで、速やかに本来具えている仏の三身《さんしん》が顕現《けんげん》するであろう。あたかも、インドラ神の宮殿に張りめぐらされた網の一々の目に宝珠《ほうじゅ》がつけられ、それらがたがいに反映しているように、仏と生けるものたちの〈三つの秘密〉の働きが相応し合って、両者はまったく平等である。このことを〈即身《そくしん》〉という。

仏はすべてを知り尽くす最高の智慧を自然《じねん》に身につけており、存在の実相《じっそう》を知る心とその心作用の数は、数えきれず、それらの一つ一つには、量り知れない勝れた智慧、すなわち〈五つの智慧〉（五智）が具わっている。このように、仏のありのままにさとる智慧は、

あたかも円《まどか》にものを映し出す鏡のごとく、仏の心鏡の働きによるものである。〔即身成仏義《そくしんじょうぶつぎ》〕

②〈加持《かじ》〉とは、如来の大悲心と生けるものたちとの信心を現わす。太陽にもたとえられる大悲心の影が、修行者の水に映ることを〈加〉といい、修行者の心水がよく仏の大悲心に感応《かんのう》することを〈持〉という。もしも修行者がこの道理をくり返し思念するならば、仏と自己の〈三つの秘密〉の働きが相応するから、この肉体をもったままで、速《すみ》やかに本来具えている仏の三身を現わし、みずから仏となる。〔即身成仏義〕

③真言（『般若心経』末尾の「掲諦《ぎゃてい》……薩婆訶《そわか》」の句）はわれわれの思議《しぎ》を超えたものである。これをくり返し思念して誦《とな》えれば、迷いの根源が除かれる。また、一字一字に千理を含むが故に、これを誦えれば、現にこの身のままで、存在のありのままのすがたをさとる。「ゆきゆきて」円な安らぎに至り、「超え去りゆきて」さとりに入る。まことにこの三界《さんがい》（迷いの世界）は、仮《かり》の住居のごとくであって、一心《いっしん》こそ、われわれの本来の住《す》み家《か》である。〔般若心経秘鍵《はんにゃしんぎょうひけん》〕

(4) 唱　題

① 存在界のすがたは〈妙法蓮華経《みょうほうれんげきょう》〉の五字の外《ほか》にない。釈迦《しゃか》・多宝《たほう》の二仏も、〈妙法蓮華経〉の働きを起こして生けるものたちに利益《りやく》を施《ほどこ》される時、形の上で二仏と現われて宝《ほう》塔《とう》の中でうなずき合われたのである。

だから、釈迦・多宝の二仏といっても、働きとして現われた仏にすぎない。〈妙法蓮華経〉こそ本仏《ほんぶつ》にておわすのである。〔諸法実相鈔《しょほうじっそうしょう》〕

② およそ、信心とは格別にむずかしいわけのあるものではない。妻が夫を慕《した》うように、夫が妻のために命を捨てるように、親が子を救いとって棄《す》てないように、子が母から離れないように、『法華経』、釈迦如来、多宝如来、あらゆる世界の仏・菩薩、そして、すべての善神たちを信じたてまつって、〈南無妙法蓮華経〉と唱えたてまつることを信心というのである。〔日蓮・妙一尼御前御返事《みょういちあまごぜんごへんじ》〕

③ 道心《どうしん》ある人は、党派への固執《こしゅう》を捨てて、自宗・他宗を争わず、人びとをあなどっては

ならない。〔開《かい》目《もく》抄《しょう》〕

④　無知の者・悪人が国土に充満している時は、摂受《しょうじゅ》（相手を救いとること）を先《さき》とする。「安楽行品《あんらくぎょうほん》」（『法華経』の一章）に説くごとくである。邪智《じゃち》の人・正法《しょうぼう》を謗《そし》る者が多い時は、折伏《しゃくぶく》（相手の迷妄を打ち破って導くこと）を先とする。「常不軽品《じょうふぎょうほん》」（同上）に明かすごとくである。たとえば、熱い時に寒水を用い、寒い時に火を好むがごとくである。〔開目抄〕

(5)　禅

①　そもそもこの禅宗《ぜんしゅう》は文字に執《と》われず、経典以外に心から心へ教えを伝えてきた。教説の言葉をよりどころとせず、ただ、言葉によって表現されないさとりを得させるのみである。文字を離れ言葉を棄《す》て、坐禅《ざぜん》によって人はただちに心の本性《ほんしょう》を見究《みきわ》め、仏となるのである。〔興禅護国論《こうぜんごこくろん》〕

②　〈道《どう》〉の根源を尋《たず》ねてみれば、およそ〈道〉は本来、万物にことごとく具わり、なにものにも妨げられないから、これをさとる修行や修行の証《あかし》をどうして必要としようか。

〈道〉を説く仏教は、なにものにも妨げられず、円《まど》かなものであるから、坐禅の功を積む必要があろうか。まして〈道〉の全体は、塵埃《じんあい》の迷いの世界をはるかに超えている。いったい、だれが塵埃を払いのける手段を用いることを信ずるのか。そもそも〈道〉はこの現実を離れたものではない。どうして修行のために歩き廻る必要があろうか。

しかしながら、紙一重の差で天地の隔《へだ》たりが生じ、愛と憎しみの情がわずかでも起こると、取り乱して本心を失ってしまう。仮《かり》に仏法を会得《えとく》したことを誇《ほこ》り、さとりの心境を示し、ちらりとさとりの光を見、大悟徹底《だいごてってい》し、自己の本心を見究め、そして天をも衝《つ》くほどに意気ごんだとしても、そのような者は仏法にほんの少し頭を突っこんだだけであって、束縛を離れた活路《かつろ》に生きることから遠くはずれている。

〔普勧坐禅儀《ふかんざぜんぎ》〕

③　禅宗の正しい伝えによれば、「この、個人から個人へとまっすぐに正しく伝えてきた仏法は、最上の中でも最上のものである。師に就《つ》いて教えを受けた当初から、まったく焼香《しょうこう》・礼拝《らいはい》・念仏《ねんぶつ》・懺悔《さんげ》・読経《どきょう》を必要とせず、ただ坐禅して身心《しんじん》の執《とら》われから離れる身となれ」という。

たといわずかな時間でも、わが身心が仏の心になりきって正しく坐禅するならば、その時、この世の中はすべて仏の世界となり、宇宙が残らずさとりとなる。

〔正法眼蔵〕

④　およそ坐禅を行なうには、静かな室がよい。飲食物を摂《と》るのに節度がいる。坐禅の妨げとなるものを一切投げ捨て、善悪を考えず、是非を論じてはならない。心の識別作用をやめ、思念・想念・観念の働きをとめて、仏になろうと意図してはならない。坐臥《ざが》する「坐」の観念にも拘泥《くでい》してはならない。

一般に坐禅をするところでは、厚く敷物を敷いて、その上に座蒲団《ざぶとん》を使用する。坐法に結跏趺坐《けっかふざ》、あるいは半跏趺坐がある。結跏趺坐は、まず右の足を左の腿《もも》の上に置き、左の足を右の腿の上に置く。半跏趺坐は、左の足を右の腿に重ねるだけである。服装はゆるやかに着て、しかもきちんと整えていなければならない。

次に右の手を左の足の上に置き、左の掌《てのひら》を右の掌の上に置く。両手の親指を向い合せてささえ合うようにする。そして、姿勢を正しくしてきちんと坐り、左に片寄ったり、右に傾《かたむ》いたり、前にかがんだり、後にそり返ったりしてはいけない。耳と肩とを一直線にし、鼻と臍《へそ》も一直線になるようにする。舌は上あごにつけ、唇《くちびる》も歯もぴったり合せ、目は常に開いておれ。鼻から息をかすかに通わせよ。身体の姿勢が調《ととの》ったら、口を開いて深呼吸を一回し、左右に体を揺《ゆ》り動かしてみよ。そして、どっしりと静かに坐って、思い量ることのない絶対の境地を思い量れ。思い量ることのない境地をいかにして思い量るのであろうか。それは、思い量ることも思い量らないことも超える境地に立つことである。これがすなわち坐禅の要術《ようじゅつ》である。

〔普勧坐禅儀〕

⑤　真正《しんせい》・清浄《しょうじょう》な無我《むが》の境地《きょうち》につきあたろうと思うならば、まさに嶮《けわ》しい断崖絶壁《だんがいぜっぺき》にぶらさがって、一気に両手を離してしまう思いで、心身の計《はか》らいを捨てるべく修行するがよい。息絶えて再びよみがえる時、初めて絶対自由の真のわれにめぐり会えるであろう。

〔遠羅天釜《おらてがま》〕

⑥　衆生本来仏《しゅじょうほんらいほとけ》なり
水と氷のごとくにて
水をはなれて氷なく
衆生の外に仏なし
衆生近きを知らずして
遠く求むるはかなさよ

〔白隠・坐禅和讃〕

(6) 死生観

① 生きていて、もしも苦しまなければ、死の終りにおいても悲しむことはない。賢者が道を見るならば、悲しみの中にあっても悲しむことはない。生存に対する執著を断って心の静まった修行者には、世々生々《せせしょうじょう》の輪廻が尽きて、再び迷いの生存を受けることはない。

〔ウダーナ〕

② ある日のこと、普化《ふけ》（唐代の禅僧の名）は鎮州城《ちんしゅうじょう》の町に出かけていき、人びとに僧衣《そうえ》を施《ほどこ》してくれと乞《こ》うた。人びとはみな僧衣を布施《ふせ》してくれたが、普化はどれも受け取らなかった。

師の臨済《りんざい》は執事《しつじ》に命じて棺桶《かんおけ》一式を買わせておいた。普化が帰ってきた時、師は「わしはそなたのために僧衣を作っておいたぞ」といった。普化はすぐさまそれをかつぎ出し、町中をめぐりながら、「師はわたしのために、僧衣を作ってくれた。わたしは東門へいって死ぬぞ」と叫んだ。町中の人びとが競ってその後に続いていくと、普化は「今日は、やめた。明日、南門へいって死のう」といった。こうすること三日間、だれ一人かれのいうことを信じなくなった。四日目になると、だれも普化の後をつけまわさなくなった。そこで、かれは独り城外に出て、みずから棺桶の中に入り、通行人に頼んで、棺の蓋《ふた》に釘を打たせた。この噂《うわさ》はすぐに弘まった。町の人たちがさきを競って集まり、棺の蓋を開けて見ると、もぬけの空《から》であった。人びとは空中に遠ざかっていく鈴の音を、ただありありと聞くばかりであった。

〔臨済録〕

③　さて、浮雲のような人の世のありさまを、よくよく観察してみると、およそはかないものは、この世の始中終《しちゅうじゅう》にわたって幻のごとき一時の人生である。だから、これまで、一万歳の寿命を受けたという人のあることを聞いたことがない。

人の一生はすぎやすい。今日、だれが百歳の身体をたもつことができようか。わたしが先か、あなたが先か、今日かも知れず、明日かも知れず、生き残ったり先立って死んでいったりする人は、草木に宿る雫《しずく》や葉末《ずえ》の露のように、多いことである。したがって、朝《あした》には元気あふれる紅顔も、夕《ゆうべ》には白骨となる身である。ひとたび無常の風が吹いてくると、二つの眼《まなこ》はたちまち閉じ、一つの息も永く絶えてしまうから、紅顔も空《むな》しく変化《へんげ》し、桃や李《すもも》と妍《けん》を競った美貌《びぼう》も、消え失《う》せてしまう。その時に、父母・兄弟・妻子を始め、親戚・縁者が集まってどれほど歎《なげ》き悲しんでも、もはやどうにもならない。いたずらに悲しんでばかりもおれないからというので、野辺《のべ》の送りをし、夜半《よわ》の煙としてしまうと、残るのはただ白骨のみである。「哀れなことよ」と言葉に出したところで、とうていその意は尽くせない。

したがって、人間がこのようにはかないものであることは、老いた人も若い人も死ぬ時の後先《あとさき》は決まっていないという道理によるものだから、どんな人も早く来世の往生（後生《ごしょう》）という一大事を心にかけて、阿弥陀仏を深くおたのみして、念仏を称《とな》えるべきである。

〔蓮如・御文〕

④　災難に逢《あ》う時には、災難に逢うがよい。死ぬ時には、死ぬのがよい。これが災難を逃《のが》れる秘訣《ひけつ》である。

〔良寛・法語〕

(7)　利益観

①　如来の滅後に、この教えを書きとめ、それを読誦《どくじゅ》し、供養し、また他人のために説き弘めるならば、如来はその衣でこの者を包まれ、また、現在、他の世界に住む仏たちもこの者を心から守護される。この者には、大いなる信心の力と、誓願力と、善を生ずる種々

の力とがある。知るがよい。まさにこの者は、如来とともに住む者である。すなわち、如来の御手《みて》でその頭《こうべ》を摩《な》でられる者である。

〔法華経〕

② ひとたび信心が定まったならば、浄土に生まれることは、阿弥陀仏のお計らいによることであるから、わたしの計らいであるはずがない。自分自身の悪いことが知られるにつけても、いよいよ本願を仰ぐようになれば、本願の働きという〈自然《じねん》〉の道理によって、おのずと柔和《にゅうわ》・忍耐の心も現われてくるであろう。万事、浄土に生まれることに関しては、こざかしい考えをもたずに、ただほれぼれと阿弥陀仏のご恩の尊く深いことを、常に思い出すのがよい。そうすれば、おのずと念仏も称えられる。これが〈自然〉ということである。自分の計らいが入らないところを指して、〈自然〉というのである。これがすなわち〈他力〉である。

〔歎異抄〕

9　求道の生活

(1)　真実を求めて

①　人の心には、もともと、善も悪もない。善悪は縁《えん》によって発《おこ》る。たとえばある人が仏道を修行する心を発《おこ》して、山林に入る時は、山林の住み家《か》は善く、世俗の生活は悪いと思う。また修行を嫌う心が発《お》きて、山林を出る時は、山林を悪いと思う。つまり、このことは心に確固としたものがなく、縁にひかれて、このようになるのである。だから、善き縁に会えば善くなり、悪しき縁に近づけば悪くなる。もともと自分の心が悪いのだと思うな。ただ善き縁につき随《したが》うべきである。〔正法眼蔵随聞記〕

②　どのような方法であってもよいから、自分の間違いを他人からなおしてもらうように、心がけるべきである。自分の心に思っていることをお同行《どうぎょう》（信心を同じくする友）たちに打ち明けておくべきである。およそ世間では、目下の者の言葉を採用せず、決まって腹を

立てる人がいるけれども、このような態度は浅ましいことである。どんな人にでも、自分の間違いをなおしてもらうように、心がけることが大切である。〔蓮如・御一代聞書〕

③　日蓮《にちれん》は悪者であるけれども、どうして『法華経』が愚《おろ》かであろうぞ。たとい袋は臭《くさ》くても、包んだ黄金《こがね》は清らかである。池は汚《きたな》いけれども、蓮華《れんげ》は清浄《しょうじょう》である。日蓮は日本第一のえせ者である。

『法華経』は「一切経」のうちで勝れた経典である。信心ある人よ、黄金を取ろうと思うならば、袋を捨ててはならぬ。蓮華を愛するならば、池を憎んではならぬ。悪人でも仏になったならば、『法華経』の力が世に現われるであろう。善人でも臨終《りんじゅう》が悪かったならば、『法華経』の名おれとなるであろう。そうだとすれば、日蓮は悪くても、悪いでよい。悪者でよいのだ。〔日蓮・西山殿後家尼御前御返事《にしやまどのごけあまごぜんごへんじ》〕

(2)　なりきる心

①　花無心招蝶　花は無心で蝶を招き、
蝶無心尋花　蝶は無心で花を尋ねる。

花開時蝶来　花が開く時に蝶はやって来るし、
蝶来時花開　蝶がやって来る時に花は開く。
吾亦不知人　わたしは人の心を知らないし、
人亦不知吾　人もまたわたしの心を知らない。
不知従帝則　たがいに知らないながら、しかも自然の法則に従っている。

〔良寛・漢詩集〕

② 人は〈阿留辺幾夜宇和《あるべきやうわ》〉という七文字を身につけるべきである。出家者は出家者らしく、在家者は在家者らしく、帝王は帝王らしく、臣下は臣下らしくあるべきである。このいいいいらしくあることに背《そむ》くことによって、万事が悪くなるのである。

〔明恵上人遺訓〕

③ およそものごとには飽《あ》きることもあるが、凡夫《ぼんぷ》が仏になることと、凡夫を仏にしてくださる弥陀《みだ》の御恩《ごおん》を喜ぶことには、飽きるということはない。火にも焼け失せない貴重な宝は、南無阿弥陀仏《なむあみだぶつ》の名号《みょうごう》である。

〔蓮如・御一代聞書〕

(3) 仏恩に報いる

①

如来大悲の恩徳《おんどく》は
身《み》を粉《こ》にしても報ずべし
師主知識《ししゅちしき》の恩徳も
ほねをくだきても謝《しゃ》すべし

わたしたちをお救いくだされる阿弥陀仏の恩徳にたいし、わが身を粉にしても報謝せよ。わたしたちに阿弥陀仏の教えを説いて、救いにみちびいてくだされる大勢の師の恩徳にたいし、わが骨をくだいても報謝せよ。

〔正像末和讃〕

② 知らず知らずのうちに蒙《こうむ》っている仏の恵み（冥加《みょうが》）に対して、どのようにかなうべきかといえば、それは阿弥陀仏に帰依することである。

〔蓮如・御一代聞書〕

③ 蓮如《れんにょ》上人が廊下をおとおりになり、紙片の落ちているのをご覧になって、「ああ、仏祖から拝領《はいりょう》したもの（仏法領《ぶっぽうりょう》）を粗末《そまつ》にすることよ」といって、紙片を拾《ひろ》って両手でおしいただかれたという。

およそ紙片のような些細《ささい》なものでも、仏さまの物（仏物《ぶつもつ》）と思って使用されたから、何一つとして粗末に扱うことはなさらなかったと、実如《じつにょ》上人は蓮如上人について話された。

〔蓮如・御一代聞書〕

あとがき

仏教は苦しみの解消、苦しみの解決を基本とする。そして、苦しみは、時代と社会を超えて普遍的なものであるとともに、時代と社会の状況によって変化する側面をもあわせもっている。仏教が伝統を生かしながら、なおかつ現代的な意味をもち続けるためには、まず、現代の苦しみが何であるかを正確に把握し、ついで、その解消・解決の方途が何であるかを見定めることが、重要な課題となる。

本書の旧版『現代人の仏教聖典』は、それに対する答えのひとつとして、一九七三年七月刊行された。大学が長い苦悩から抜け出しはじめた時期である。これは、一九六八年一〇月、中村　元＝理事長が提案し、中村　元・平川　彰・玉城康四郎・早島鏡正を構成員とする編集委員会のもとに、当時の東京大学大学院生、その他大勢の方々の協力によって編集された。その編集後記には次のように記されている。

「現代は、内には、生きがいの喪失、自己疎外という病巣に冒され、外には、大気・海洋の汚染、自然環境の破壊という裂傷を負うた病める時代であるといえよう。われわれ人類は、確かに、文明という山を高く登りつめることができた。しかし、歩むべき道から逸脱し、深い密林の中に迷いこんでしまったのではあるまいか。本来の道に立ち返ること、これこそ、人類が未来に生きのびる唯一の方法であろう。この意味で、とくに未来を背負う青年諸君に、本来の道に立ち返る一つの指標として、仏教を新しい角度からとらえてもらいたいと思う。

仏教には、とかく、古めかしく、抹香臭いという印象がつきまとう。なるほど、仏教の現状はそうであるかもしれない。しかし二千数百年も生き続けてきた仏教の底には、いついかなる時代といえども、絶えることなき生命力が脈打っている。この生命力に活を与え、生き生きとした仏教思想を現代人の前に再現させたいということが、本書刊行の趣旨である。」

それ以来十八年が経過した。この間、『現代人の仏教聖典』は仏教に関心のある人びとに支えられて、六回にわたって版を重ねてきた。

そして、時代と社会は、その後の急速な情報化、異様な経済成長、方向性を見定めえない国際社会化のなかで、いよいよ病いと混迷の度を深めつつある。一部で現代は「閉塞の時代」と言われてから久しく、最近では、多方面にわたる秩序の枠組みが混乱し、善し悪しを含めて、「ボーダレス時代」などとも呼ばれる新しい現象が出てきている。一定の方向性もなく現象的に「人間」がただただ肥大・拡散しているかに見える、このような状況のなかで、いま、個人個人はどのような理想を抱きうるのか、どのような態度で日常生活を営んでいくべきか、言い換えると、個々の人間がどのように自己の主体性を回復・確立し、それを保持していくかという問い、それが改めて問いなおされている。しかも、仏教はそれに答える責任を負っている。

その責任の一部分でも果たせたらという願いをこめて、基本的には上記の旧版『現代人の仏教聖典』刊行の趣旨に沿いながらも、読者の意見等を勘案してそれを改訂し、いまここに、装いも新たにした『現代仏教聖典』を世に問う。

旧版は、確かに当時の時代と社会を見据え、先取りし、そのために広く世に受け容れられてきた。ただし、一部分、仏教の多様な考え方を列挙していたり、現代語訳の不適切さ、不統一さがあるなど、利用者に不便を感じさせるような面があり、その改訂が望まれていた。一九八七年春、旧版の編集において中心的役割を果たした早島鏡正元理事長はその改訂の緊急性を指摘し、それを受けた東京大学仏教青年会は、同年一一月理事長江島恵教のもとに、木村清孝理事を委員長、早島鏡正理事を顧問とし、旧版編集に携わった新井慧誉・田中教照・横山紘一・吉田宏晳、それに江島恵教からなる「『現代人の仏教聖典』改訂準備委員会」を発足させた。そこで策定された改訂の方針は、次の通りである。

(1)まず、全体として旧版の刊行意図を重視する。
(2)散漫な印象を与えかねない旧版を見直し、一冊の本として全体をコンパクトにする。
(3)その目的で、旧版に収録された仏典中の文章をさらに選択しなおして、凝集度を高める。
(4)その際、全体の構成に関しても新しい配慮をする。
(5)収録する文章については、可能なかぎり現代の読者が理解でき、かつ統一のとれた訳文とする。
(6)読者が原文・訳文にアプローチしやすいような「出典箇所一覧表」を付す。

このような方針に従い、「改訂準備委員会」委員長木村清孝の指導と本会主事蓑輪顕量の指揮のもとで、旧版に採録された文章の原典をいちいち確認し、訳文を点検し直すなど、きわめて複雑困難な作業が推進された。具体的にこの作業にあたったのは、上記委員はもちろんのことながら、東京大学印度哲学研究室大学院学生を中心とする次の諸君である。

下田正弘、浅野守信、堀内伸二、吉水清孝、戸田　隆、河野　訓、岩城英規、佐藤裕之、横地優子、岡田繁穂、北村幸太郎、西本照真、有賀弘紀、李　鍾徹、郭　敏芳、金岡秀郎、戸田裕久、細野邦子、堀伸一郎、渡辺浩希、計良隆世、石上和敬、岸根敏幸、斎藤仙邦、高堂晃寿、種村隆元、小島美香子、寺口良昭、林久美子、川尻道哉、藤丸智雄、森田英仁、西脇正人、西沢史仁、片岡　啓、李　恵英、陶　剛、畦川善行、久家泰子、高橋蔦子。

旧版『現代人の仏教聖典』は、一九七〇年前後に大学問題等について苦悩した青年仏教徒が諸種の仏典から文章を集め、それを基に編集された。そして、新しい『現代仏教聖典』は、形のうえではその改訂版にしかすぎないかもしれない。しかし、本書は、東京大学大学院学生であったかつての仏教青年と現在そこに集う仏教青年とが互いに協力しあい、新しい展望のもとに、現代の問題に対して出した別の新しい答えに他ならない。

このようにしてなった本書は、旧版の構成を基本としている。

まず、仏教が出発点とする自己の現実認識を主題として「Ⅰ自己を見つめる」を最初に置く。次いで、個人としての人間は決して孤独ではなく、他者と出会うことによって初めて真の〝人間性〟〝主体性〟を獲得できること、これについて「Ⅱ人間の出会い」に関する仏典が示される。一般的に仏教は現実の時代と社会の現象に無関心だと見られがちだが、「Ⅲ社会の中で」においては、仏典の社会観の一端が明らかにされる。また、仏教は、一貫して人間存在を中心とした深い哲学的・宗教的思索をインド・中国・朝鮮半島・日本において展開してきた。その一部が「Ⅳ存在と心」「Ⅴ知識と智慧」の二章において紹介され、ここでは存在・認識・行為の問題が問われる。

ところが、仏教は、万一具体的な実践をないがしろにしたとすれば、まったく意味をもたない。そして、二千数百年来生き死んできた〝仏教徒〟についての定義があるとすれば、「仏教徒とは、釈尊の〈悟り〉に導かれ、仏・法・僧の三宝に帰依し、自他ともに〝悟り〟、すなわち苦しみの解消・解決を目指して行動を起こす人」ということになろう。「Ⅵ真実に生きる」は、そのような仏教徒の在り方を視点として編成されている。

なお、和訳の際に、旧版及び巻末の「出典箇所一覧表」に記してある書籍以外に、以下の叢書を参照させて頂いた。編著者ならびに執筆の諸先生に対して厚くお礼を申し上げる。

長尾雅人・梶山雄一監修『大乗仏典』全十五巻（中央公論社）、長尾雅人・柳田聖山・梶山雄一監修『大乗仏典』中国・日本編（中央公論社）、横超慧日・入矢義高編『仏教経典選』（筑摩書房）、『仏典講座』（大蔵出版）、中村　元監修『ジャータカ』（春秋社）、真継伸彦『和訳親鸞和讃集』（法蔵館）。

本書『現代仏教聖典』には、恐らくは編集者の意図に反し、まだ十分ではない点が処々に残っている。なお今後も改訂が必要となろう。それは、「仏典」が、伝統を重んじながら、常に新しい「結集《けつじゅう》」を必要としているということを意味している。

最後になったが、編集委員一同に代わり、一連の改訂編集作業に終始専念された蓑輪顕量主事に感謝の意を表するとともに、面倒な出版を引き受けていただいた大蔵出版の皆さんに心から御礼申し上げたい。

一九九一年一二月八日（成道会）

財団法人　東京大学仏教青年会

前理事長　江　島　恵　教

1-2……浄真 -20
2-1……聖全 2-62
2-2……聖全 2-8
2-3……和讃 238　岩波文庫 -151
2-4……時宗全書 -9 上～下
2-5……浄全 -5
3-1……弘全 1-507～508
3-2……弘全 1-516
3-3……弘全 1-561
4-1……日蓮遺文 1-724
4-2……日蓮遺文 2-1749
4-3……日蓮遺文 1-585
4-4……日蓮遺文 1-606
5-1……日蔵 86-21 下
5-2……道元禅師語録　岩波文庫 -8
5-3……日蔵 87-20 下「辨道話」/岩波文庫・上 -57
5-4……道元禅師語録　岩波文庫 -8,10
5-5……禅門法語集・中 -95
5-6……白隠和尚全集 6-283
6-1……Meghiyavagga 9 Ud-46/第四品弥醯品 9 自説経　南伝 23-157
6-2……岩波文庫 -504
6-3……浄真 -90～91
6-4……良寛全集（恒文社）-492
7-1……Sp-230～231/大正 9-31b
7-2……浄真 -16

9　**求道の生活**

1-1……岩波文庫 -119～120
1-2……浄真 -24
1-3……日蓮遺文 2-1902～1903
2-1……良寛詩集（岩波）-10/良寛全集（岩波文庫）-45
2-2……東方仏教 1・3-45
2-3……浄真 -49,48
3-1……和讃 296　岩波文庫 -181
3-2……浄真 -43
3-3……浄真 -62

6-2……大正 9-461a
6-3……Mil-383/南伝 59 下 -287/東洋文庫Ⅲ-242
6-4……Mil-39/南伝 59 上 -77～78/東洋文庫Ⅰ-95～96
6-5……大正 8-848c

6　さとりの実現

1-1……182 偈　Dh-27/南伝 23-45/岩波文庫 -36
1-2……654,653 偈　Sn-123/南伝 24-244,243～244/岩波文庫 -141
1-3……Mil-32/南伝 59 上 -64/東洋文庫Ⅰ-83
2-1……伝全 1-1,2
2-2……聖全 2-201～202
2-3……浄真 -11～12,13
3-1……87,90,493 偈　Thag-13,51/南伝25-130,131,208/岩波文庫 -33,34,112
3-2……日蔵 87-36 下～37 上「現成公案」/岩波文庫・上 -85
3-3……大正 56-57c
3-4……弘全 1-460
3-5……聖全 2-45

7　道と得道の人

1-1……日蔵 71-244 上～下
1-2……大正 7-749b～c
1-3……大正 40-843c
1-4……大正 45-640c
1-5……岩波文庫 -145
2-1……大正 48-295b
2-2……大正 12-465c
2-3……大正 12-515b
2-4……大正 56-73c,75a
3-1……大正 9-775b
3-2……伝全 1-11
3-3……岩波文庫 -34
3-4……大正 46-779b
3-5……大正 9-449c
3-6……大正 45-507c
4-1……日蔵 87-36 上「現成公案」/岩波文庫・上 -83
4-2……岩波文庫 -61
4-3……法全 -462
4-4……浄真 -4
4-4……浄真 -16,17
4-6……東方仏教 1・3-48

8　信心の風光

1-1……弘全 2-138

南伝 12-181〜182
1-4……Piṇḍapātapārisuddhisu=tta MN・Ⅲ-293〜294/乞食清浄経　南伝 11 下 -426
2-1……Aṣṭa-238/八千頌般若　大乗仏典 3-314
2-2……MK-503,505,506,515
2-3……大正 56-59c
2-4……大正 14-551c,550b〜c
3-1……大正 25-256b
3-2……Vism-318/清浄道論　南伝 63-183〜184
3-3……大正 9-493c
3-4……大正 12-343c
3-5……大正 40-828c
3-6……禅門法語集・上 -480

5　求道者の実践

1-1……大正 8-250a〜c
2-1……大正 8-245b
2-2……大正 24-999a
3-1……Mil-33/南伝 59 上 -66〜67/東洋文庫Ⅰ-85〜86
3-2……Vism-9/清浄道論　南伝 62-19
3-3……大正 24-1021b
3-4……大正 24-1021b
3-5……大正 24-998c
3-6……日蔵 71-128 下〜129 上
4-1……Sp-271,273/大正 9-36b,36c
4-2……大正 24-1006b
4-3……大正 12-267b
4-4……日蔵 71-139 下
5-1……21 偈　Dh-4/南伝 23-20/岩波文庫 -13
5-2……225,261 偈　Thag-29,32/南伝 25-164,169/岩波文庫 -68,74
5-3……493 偈　Thīg-171/南伝 25-415/岩波文庫 -94
5-4……Mil-65〜66/南伝 59 上 -134〜135/東洋文庫Ⅰ-182〜183
5-5……大正 47-500b/岩波文庫 -87
5-6……156 偈　Dh-23/南伝 23-41/岩波文庫 -32
5-7……Mp　DN・Ⅱ-155〜156/南伝 7-144/岩波文庫 -158
6-1……Vism-3/清浄道論　南伝 62-5

5-2……聖全 2-21
6-1……大正 19-614b
6-2……東方仏教 1・3-54
6-3……浄真 -5～6

3　仏教徒の生き方

1-1……大正 9-430c～431a
1-2……Mettāvagga　AN・Ⅳ-166/八集第1慈品8鬱多羅　南伝21-22
1-3……Gahapativagga Nidāna=saṃyutta SN・Ⅱ-69～70/第一因縁相応家主品5・2・13　南伝 13-102
1-4……大正 25-85a～c
1-5……Sp-80～81/大正 9-13b
2-1……Itivuttaka-111～112/四集107如是語経　南伝23-362～363
2-2……393～399 偈　Sn-69～70/南伝24-143～144/岩波文庫 -81～82
2-3……400～403 偈　Sn-70/南伝24-144～145/岩波文庫 -83
3-1……787～788 偈　Thag-77/南伝25-256/岩波文庫 -160
3-2……133～138 偈　Thīg-136～137/南伝25-358～359/岩波文庫 -34～35
3-3……Mil-31～32/南伝59上-62～63/東洋文庫Ⅰ-82
3-4……岩波文庫 -126
3-5……岩波文庫 -72
3-6……岩波文庫 -84,85
3-7……163偈　Thīg-139/南伝25-362/岩波文庫 -38
4-1……聖全 2-75
4-2……浄真 -43～44
4-3……伝全 1-11
4-4……日蓮遺文 1-601
4-5……浄真 -76

4　空と慈悲

1-1……1118～1119偈　Sn-217/南伝24-424～425/岩波文庫 -236
1-2……Cūḷasuññatasutta MN・Ⅲ-108～109/空小経　南伝11下 -125～126
1-3……Sappo Mārasaṃyutta SN・Ⅰ-106～107/有偈篇第四悪魔相応第1第1章第6蛇

1-7……Mp　DN・Ⅱ-164/南伝7-157/岩波文庫-172
2-1……Mil-217～218/南伝59下-34/東洋文庫Ⅱ-242
2-2……Gāravo Brahmasaṃyutta SN・I-140/第六梵天相応第1品第2恭敬12　南伝12-239～243
2-3……Mil-73/南伝59上-152～153/東洋文庫Ⅰ-206～207
3-1……Sp-47/大正9-8b
3-2……大正46-777b
3-3……浄全7-16
3-4……大正12-267c,268a,270a
3-5……Sp-453/大正9-57c～58a
4-1……大正37-246b
4-2……大正9-429b
4-3……大正12-567a
4-4……大正12-514c～515a
4-5……大正56-26a
5-1……大正12-407b
5-2……浄真-11
5-3……和讃93～94　岩波文庫-64～65
5-4……大正45-710a
5-5……日蔵87-35下～36上「現成公案」/岩波文庫・上-83
5-6……日仏全46-72下～73上

2　真理の教え

1-1……1024偈　Thag-92/南伝25-287/岩波文庫-192
1-2……2,183偈　Dh-1,27/南伝23-17,45/岩波文庫-10,36
1-3……大正56-1a
1-4……日蔵87-197下～198上「仏教」/岩波文庫・上-363
1-5……Mil-333/南伝59下-190/東洋文庫Ⅲ-135
2-1……大正9-460c
2-2……Sp-318～320/大正9-42c～43a
3-1……Sp-282～283,285/大正9-37c～38a,38b
3-2……浄真-15
3-3……浄真-44
4-1……聖全2-72
4-2……浄真-33
4-3……岩波文庫-121
4-4……浄真-21
5-1……大正9-488c

3-4……大正 16-689c～690a

3-5……大正 14-540a

4-1……大正 9-460b

4-2……MK-382～385,387

4-3……大正 48-298c

4-4……日蔵 87-78 上～下「有時」/岩波文庫・上 -159

4-5……日蔵 87-79 下「有時」/岩波文庫・上 -161

5-1……Sp-30/大正 9-5c

5-2……大正 8-416c

5-3……MK-364

5-4……MK-372

5-5……大正 9-444a

5-6……大正 45-150c

5-7……大正 80-18a

6-1……Aṣṭa-5/八千頌般若　大乗仏典 2-13～14

6-2……大正 9-444a

6-3……Vajracchedikā BST-76/大正 8-749a

6-4……大正 18-1b

6-5……和讃 4　岩波文庫 -16

6-6……大正 48-140a

6-7……大正 48-157a

7-1……大正 1-467a

7-2……Vibhaṅgam Buddhavagga Nidānasaṃyutta SN・II-2～4/第一因縁相応仏陀品第 2 分別 3～15　南伝 13-3～5

7-3……Mahāvagga Vin・I-40/大品　南伝 3-73

7-4……Mahāvagga Vin・I-11/大品　南伝 3-21

8-1……大正 10-555a

8-2……大正 31-8c

8-3……大正 32-576a,576c

VI　真実に生きる

1　仏の世界

1-1……534 偈　Thag-57/南伝 25-216/岩波文庫 -121

1-2……大正 3-715a～735a（部分）

1-3……Mahāvagga Vin・I-1/大品　南伝 3-1

1-4……Mahāvagga Vin・I-10～13（部分）/大品　南伝 3-16～26（部分）

1-5……大正 12-365c

1-6……大正 12-905a

3-2……大正 16-692c
3-3……大正 16-692b〜c
4-1……Accharāsaṅghātavagga AN・Ⅰ-10/一集第6弾指品 1〜2　南伝 17-15
4-2……大正 31-622c〜623a
4-3……大正 45-637b
5-1……大正 12-524b〜c
5-2……弘全 1-460
5-3……日蔵 87-180 上〜下「仏性」/岩波文庫・上 -333
5-4……日蔵 87-168 下「仏性」/岩波文庫・上 -315
5-5……大正 48-292c〜293a

Ⅴ　知識と智慧

1　知るということ

1-1……大正 31-2a
1-2……大正 16-691b
2-1……大正 8-279b
2-2……ⅤⅤ-122
2-3……1227〜1230 偈　Thag-110/南伝 25-322/岩波文庫 -223〜224
2-4……ⅤⅤ-146〜147
2-5……大正 45-151a
3-1……日蔵 86-15 上
3-2……大正 45-153a
3-3……Mil-69〜70/南伝 59 上 -142〜143/東洋文庫Ⅰ-189〜190

2　真理を捉える

1-1……Sn-140/南伝 24-272/岩波文庫 -156〜157
1-2……Vism-606〜607/南伝 64-320
1-3……Ud-37/南伝 23-143
2-1……Vatthūpamasutta MN・Ⅰ-37/布喩経　南伝 9-56
2-2……Mahāhatthipadopama=sutta MN・Ⅰ-185/象跡喩大経　南伝 9-329
2-3……Mahāvagga AN-176〜177/三集第2大品 61　南伝 17-286〜287
2-4……Sammādiṭṭhisutta MN・Ⅰ-54/正見経　南伝 9-88
3-1……大正 12-443a
3-2……大正 30-32c〜33a
3-3……大正 9-469a

Ⅳ　存在と心

1　存在の分析

1-1……AKBh-3/大正 29-1c

1-2……AKBh-3/大正 29-1c

1-3……AKBh-4/大正 29-1c

1-4……AKBh-4/大正 29-1c～2a

1-5……AKBh-4/大正 29-2a

2-1……Anupadasutta　MN・Ⅲ-30/六浄経　南伝 11 下 -9～10

2-2……Bahudhātukasutta MN・Ⅲ-62/多界経　南伝 11 下 -58

3-1……Mahāvedallasutta MN・Ⅰ-294/有明大経　南伝 10-15

3-2……AKBh-4/大正 29-42a

3-3……Mahāsīhanādasutta MN・Ⅰ-73/師子吼大経　南伝 9-120

2　存在のむなしさ

1-1……Aniccavagga Khandasaṃyutta SN・Ⅲ-45/第一蘊相応自洲品第 4 無常　南伝 14-71

1-2……Yodhājīvavagga AN・Ⅰ-286/三集第 4 戦士品 134　南伝 17-472～473

1-3……1159 偈　Thag-105/南伝 25-311/岩波文庫 -213～214

2-1……大正 8-752b

2-2……大正 9-583c

3-1……Cūḷasuññatasutta MN・Ⅲ-104～105/空小経　南伝 11 下 -120

3-2……Viṃśikā-193/大乗二十頌論　大乗仏典 14-349

3　存在と心

1-1……1～2 偈　Dh-1/南伝 23-17/岩波文庫 -10

1-2……大正 9-465c

1-3……法全 -172 下「法然上人行状絵図」

1-4……大正 45-637b

1-5……弘全 1-451

2-1……大正 31-38c

2-2……大正 48-29b

2-3……日蔵 87-297 下「身心学道」/岩波文庫・中 -122

2-4……大正 31-608a

2-5……大正 48-175b

3-1……大正 31-12b～c

78

7-1……Mucalindavagga Ud-11～12/第2品目真隣陀品3・自説経　南伝23-101～102

7-2……Second Rock Edict kalsi Aśoka-28～29

7-3……146～147偈　Sn-25～26/南伝24-53/岩波文庫-37

7-4……浄真-13～14

4　人格を磨く

1-1……禅門法語集・下-535

1-2……Haliddirāgajātaka J・Ⅲ-524/散乱本生物語　南伝33-167～168

2-1……禅門法語集・下-548

3-1……東方仏教1・3-57

3-2……岩波文庫-51～52

4-1……大正12-1111c

4-2……日蔵71-133上

5-1……大正47-497b/岩波文庫-38～39

5-2……大正48-165c

5　富と労働

1-1……禅門法語集・下-538

2-1……261～262,187偈　Sn-46～47,33/南伝24-97～98,68/岩波文庫-58,44～45

2-2……大正48-1119c

2-3……岩波文庫-20

3-1……404偈　Sn-70/南伝24-145～146/岩波文庫-83

3-2……Sappurisasutta MN・Ⅲ-39/善士経　南伝11下-22

3-3……355偈　Dh-51/南伝23-72/岩波文庫-60

3-4……806,809偈　Sn-158～159/南伝24-313～314/岩波文庫-181

3-5……Dhanavagga　AN・Ⅳ-4～5/七集第1財品5　南伝20-236

3-6……Mil-412～413/南伝59下-337/東洋文庫Ⅲ-302

4-1……102偈　Sn-19/南伝24-38/岩波文庫-30

4-2……大正8-226b

4-3……Macchari Devatāsaṃyu=tta SN・Ⅰ-18/第一諸天相応サトゥッラパ天群品第2慳貪5　南伝12-17

36
7-4……462偈　Sn-82/南伝24-167～168/岩波文庫-95
7-5……大正21-404b
7-6……道元禅師清規　岩波文庫-98
8-1……927偈　Sn-181/南伝24-354/岩波文庫-201
8-2……249偈　Sn-44/南伝24-92/岩波文庫-55
8-3……360偈　Sn-63/南伝24-133/岩波文庫-76
9-1……日蔵71-257下
9-2……大正9-556c
9-3……浄真-40

3　法による生活

1-1……沙門被服論　大正52-33b
1-2……東方仏教1・3-46
1-3……聖全2-200
1-4……聖全2-200
1-5……浄真-60～61
2-1……大正46-114b
2-2……鈴木正三道人全集-289/禅門法語集・中-647～648
2-3……大正46-114a
2-4……岩波文庫・上-57～58
2-5……岩波文庫-56
3-1……禅門法語集・下-567
3-2……浄真-7～8
4-1……伝全1-643
4-2……東方仏教1・3-59
4-3……道元禅師清規　岩波文庫-18
4-4……日蔵87-391上「洗面」/岩波文庫・下-313
4-5……大正48-145c
4-6……大正48-180a
5-1……106偈　Sn-19/南伝24-39/岩波文庫-30
5-2……大正56-30c
5-3……Siṅgālovādasuttanta DN・Ⅲ-185/教授尸伽羅越経　南伝8～245
5-4……大正25-158a～c
6-1……Doṇapāka Kosalasaṃyu=tta SN・Ⅰ-81/第三拘薩羅相応第2品第3大食3　南伝12-139
6-2……大正9-476b
6-3……道元禅師清規　岩波文庫-

上 -278〜279,282〜283/東洋文庫Ⅱ-49,50,53
1-2……大正 47-18b
1-3……岩波文庫 -100
1-4……日蓮遺文 1-908〜909
2-1……大正 30-928c〜929a
2-2……和讃 250　岩波文庫 -158
2-3……和讃 239　岩波文庫 -152
2-4……伝全 1-417
2-5……和讃 254　岩波文庫 -160
2-6……和讃 194　岩波文庫 -121
2-7……和讃 255,248〜249　岩波文庫 -160,157

2　社会・国家

1-1……大正 56-26a
1-2……日蔵 71-205 下
1-3……Mp DN・Ⅱ-73〜75/南伝 7-29〜32/岩波文庫 -11〜15
2-1……日蔵 87-348 上〜下「仏道」/岩波文庫・中 -222〜223
2-2……禅門法語集・中 -69
2-3……大正 10-715b
3-1……大正 14-789b
3-2……Sixth Rock Edict Shah=bazgarhi　Aśoka-57〜58
3-3……Eighth Rock Edict Jaug=ada Aśoka-108〜109
4-1……Twelfth Rock Edict Gir=nar Aśoka-20〜21
4-2……日蓮遺文 2-1468
4-3……日蓮遺文 2-1735
4-4……大正 2-782c
4-5……伝全 1-415
4-6……日蓮遺文 2-1468〜1469
5-1……5 偈　Dh-2/南伝 23-18/岩波文庫 -10
5-2……大正 12-277c
6-1……First Pillar Edict Delhi-Topra Aśoka-119〜120
6-2……Ratna V -238〜239
6-3……思想大系 2-16〜17/日本の名著 2-410,413
6-4……思想大系 2-12〜13/日本の名著 2-409,411
7-1……611 偈　Sn-119/南伝 24-232/岩波文庫 -135〜136
7-2……648 偈　Sn-122/南伝 24-242/岩波文庫 -140
7-3……136,142 偈　Sn-23,24/南伝 24-49,50〜51/岩波文庫 -35,

1-9……大正 40-843c
1-10……大正 9-430c
2-1……日蔵 87-61 上「礼拝得髄」/岩波文庫・上 -128
2-2……61 偈　Thig-129/南伝 25-345/岩波文庫 -21
2-3……日蔵 87-58 下〜59 上「礼拝得髄」/岩波文庫・上 -124
3-1……291偈　Dh-42/南伝23-62/岩波文庫 -51
3-2……660 偈　Thag-67/南伝25-237/岩波文庫 -142
3-3……668 偈　Thag-68/南伝25-238/岩波文庫 -143
3-4……123〜124 偈 Thag-18/南伝 25-143/岩波文庫 -45〜46
3-5……日蔵 87-266 下「行持」/岩波文庫・中 -63
3-6……Anumānasutta MN・I-99/思量経　南伝 9-173〜174
4-1……Mahāsīhanādasutta MN・I-79/師子吼大経　南伝 9-131〜132
4-2……6偈　Dh-2/南伝23-18/岩波文庫 -11
4-3……855 偈　Sn-167/南伝 24-331/岩波文庫 -189
4-4……856偈　Sn-167/南伝 24-332/岩波文庫 -189
4-5……216 偈　Sn-37/南伝 24-78〜79/岩波文庫 -48
5-1……54 偈　Dh-8/南伝 23-25/岩波文庫 -17〜18
5-2……83 偈　Dh-12/南伝 23-29/岩波文庫 -22
5-3……81 偈　Dh-12/南伝 23-29/岩波文庫 -21
5-4……日蔵 88-128 上「出家功徳」/岩波文庫・下 -86
6-1……Mil-200/南伝 59 下 -12/東洋文庫 II -202
6-2……Mil-394/南伝 59 下 -306/東洋文庫III-264
6-3……Cakkavagga AN・II-32/四集第 4 輪品 32　南伝 18-60
6-4……RGV-17/大正 31-825c

III　社会の中で

1　時代と人間

1-1……Mil-131,133〜134/南伝 59

岩波文庫・上 -62
4-4……浄真 -9

5　学ぶこと・教えること

1-1……大正 48-296b
1-2……日蔵 87-381 上～下「法性」/岩波文庫・中 -281
1-3……岩波文庫 -28～29
1-4……浄真 -9
1-5……浄真 -10
1-6……大正 8-356c～357a
1-7……岩波文庫 -101
2-1……208 偈　Dh-31/南伝 23-49/岩波文庫 -39
2-2……Mil-373/南伝 59 下 -270/東洋文庫Ⅲ-219
2-3……大正 9-769c
2-4……Mp DN・Ⅱ-100/南伝 7-67～68 岩波文庫 -62
2-5……大正 9-705a
2-6……大正 8-416b
2-7……Mil-94/南伝 59 上 -217～218/東洋文庫Ⅰ-277～278
2-8……Mp DN・Ⅱ-100/南伝 7-67/岩波文庫 -62
2-9……Cūḷamāluṅkyasuttanta MN・Ⅰ-431/摩羅迦小経　南伝 10-230～231
2-10……557～562偈　Thag-59/南伝 25-219～220/岩波文庫 -124～125
3-1……大正 8-416b
3-2……日蔵 87-56 下「礼拝得髄」/岩波文庫・上 -121
3-3……岩波文庫 -26,28
3-4……浄真 -3
3-5……浄真 -6
3-6……浄真 -3

6　ともに生きる

1-1……252 偈　Dh-37/南伝 23-56/岩波文庫 -45
1-2……148 偈　Sn-26/南伝 24-53/岩波文庫 -37
1-3……鈴木正三道人全集 -53～54
1-4……日蔵 87-329 下「菩提薩埵四摂法」/岩波文庫・中 -186
1-5……鈴木正三道人全集 -289
1-6……伝全 1-11
1-7……大正 24-1002c
1-8……Sp-377～380/大正 9-50c～51a

1-4……日蔵 87-248 上「行持」/岩波文庫・中 -33
1-5……和讃 128　岩波文庫 -86
2-1……Āsāvagga AN・Ⅰ-87/二集第 11 希望品 2～5　南伝 17-138～139
2-2……弘全 3-507～508
2-3……日蓮遺文 1-728
2-4……禅宗要典 5 章「行持報恩」
2-5……聖全 1-14
3-1……大正 12-269c
3-2……日蔵 87-328 下～329 上「菩提薩埵四摂法」/岩波文庫・中 -185
3-3……日蔵 87-329 上「菩提薩埵四摂法」/岩波文庫・中 -185
4-1……大正 14-544b
4-2……大正 40-842a
4-3……和讃 275　岩波文庫 -275
4-4……145 偈　Sn-25/南伝 24-53/岩波文庫 -37

4　対話を通じて

1-1……408 偈　Dh-58/南伝 23-81/岩波文庫 -67
1-2……Āghātavagga　AN・Ⅲ-196/五集第 17 嫌恨品 167　南伝 19-272～273
2-1……岩波文庫 -143
2-2……浄全 -20
2-3……Yodhājīvavagga　AN・Ⅱ-173/四集第 4 戦士品 183　南伝 18-303
2-4……51～52 偈　Dh-8/南伝 23-25/岩波文庫 -17
2-5……大正 8-338a
2-6……大正 9-549a
3-1……Mil-28～29/南伝 59 上 -56～57/東洋文庫Ⅰ-76～77
3-2……Mil-91～92/南伝 59 上 -212～213/東洋文庫Ⅰ-273～274
3-3……Mil-92/南伝 59 上 -213～214/東洋文庫Ⅰ-274～275
3-4……思想体系 2-22,23/日本の名著 2-411,415
4-1……824～832偈　Sn-161～163/南伝 24-320～322/岩波文庫 -183～185
4-2……大正 48-195b～c
4-3……日蔵 87-23 下「辨道話」/

2-2……98偈　Sn-19/南伝24-37/岩波文庫-29
2-3……大正9-430c
2-4……大正24-1004c
2-5……大正37-259a〜b
2-6……浄全-5
3-1……大正9-493c
3-2……Puññābhisandavagga AN・Ⅱ-59/四集第1福生品53　南伝18-103〜104
3-3……108偈　Sn-20/南伝24-40/岩波文庫-31
3-4……309偈　Dh-44/南伝23-65/岩波文庫-53
3-5……日蔵71-261上
3-6……Samuggajātaka　J・Ⅲ-530/箱本生物語　南伝33-177〜178
3-7……Vimānavatthu-9/第一椅子品11貞淑女天宮・天宮事経　南伝24-450

2　友との交わり

1-1……Hirijātaka　J・Ⅲ-196/漸本生物語　南伝32-72〜73
1-2……Mahāsuka J・Ⅲ-492/大鸚鵡本生物語　南伝33-114
1-3……Javanahaṃsajātaka J・Ⅳ-217/敏捷鵞本生物語　南伝34-132
1-4……日蓮遺文1-620
1-5……Siṅgālovādasuttanta DN・Ⅲ-184/教授尸伽羅越経　南伝8-243
2-1……76偈　Dh-11/南伝23-28〜29/岩波文庫-21
2-2……328偈　Dh-47/南伝23-68/岩波文庫-56
2-3……Devatāvagga AN・Ⅳ-31, 32/七集第4天品35,36　南伝20-273,274
2-4……8章9〜10,13,15偈　BA-138,139,140
3-1……大正17-920c
3-2……浄真-7

3　愛憎の彼岸

1-1……大正17-920c
1-2……Mahāvagga AN・Ⅱ-213〜214/四集第5大品200　南伝18-371〜373
1-3……和讃245　岩波文庫-155

1-4……岩波文庫 -91

1-5……日蔵 87-266 下～267 上「行持」/岩波文庫・上 -63

2-1……Kaccāyanagotto Nidāna=saṃyutta　SN・Ⅱ-17/因縁相応食品　南伝 13-24～25

2-2……Mahāvagga Vin・Ⅰ-10/大品　南伝 3-10

2-3……帰敬偈　MK-11

3-1……Paṭisambhidāmagga-40～42/大品第 1 智論　南伝 40-66～68

4-1……日蔵 71-225～226

4-2……428 偈 Thag-46/南伝 25-197/岩波文庫 -102

5-1……Nīvaraṇavagga AN・Ⅲ-73～74/五集第 6 蓋品 57　南伝 19-100～101

5-2……Naḷavagga　Devatāsaṃ=yutta SN・Ⅰ-5/有偈篇第一諸天相応第 1 葦品 10　南伝 12-6

5-3……Kammakaraṇavagga AN・Ⅰ-50/二集第 1 科刑罰品　南伝 17-75

5-4……Sp-138～184/大正 9-51b

6-1……Mallikā Kosalasaṃyutta SN・Ⅰ-75/有偈篇第三拘薩羅相応第1品第 8 末利 7～8 偈　南伝 12-129～130

6-2……166 偈　Dh-25/南伝 23-42～43/岩波文庫 -33

6-3……160 偈　Dh-24/南伝 23-42/岩波文庫 -32

6-4……大正 45-153a

6-5……380 偈　Dh-54/南伝 23-76/岩波文庫 -63

6-6……日蔵 88-170 下～171 上「生死」/岩波文庫・下 -240

Ⅱ　人間の出会い

1　家庭の理想

1-1……大正 3-690a

1-2……Sp-466/大正 9-60c

1-3……道元禅師清規　岩波文庫 -38

1-4……大正 3-297a

1-5……日蓮遺文 2-1804～1805

2-1……332 偈　Dh-48/南伝 23-69/岩波文庫 -56

譬喩 20　南伝 27-430
2-2……弘全 3-483～484
2-3……大正 40-827b
2-4……岩波文庫 -87
3-1……至道無難禅師集 -100
3-2……Mahāsāropasutta MN・Ⅰ-192/心材喩大経　南伝 9-341～342
3-3……Āṇañjasappāyasutta MN・Ⅱ-263～264/不動利益経　南伝 11 上 -343
3-4……MK-465～467
3-5……大正 82-380c
3-6……大正 31-1a
3-7……日蔵 71-279～280
4-1……岩波文庫 -113
4-2……24～25 偈　MK-471
4-3……大正 45-770c
4-4……Vajracchedikā　BST-76～77/大正 8-749b
5-1……Mil-323～324/南伝 59 下 -177～178/東洋文庫Ⅲ-105～106
5-2……日蔵 88-170 上～下「生死」/岩波文庫・下 -239
5-3……大正 48-295b
5-4……5 章 1～3 偈　BA-50
6-1……Puggalavagga　AN・Ⅰ-127～128/三集第 3 人品 28　南伝 17-206～207
6-2……Brāhmaṇavagga AN・Ⅲ-243～244/五集第 20 婆羅門品　南伝 19-337
6-3……東方仏教 1・3-52
7-1……大正 24-1004c
7-2……大正 9-551c
7-3……5 章 48～50 偈　BA-61～62
7-4……Sammādiṭṭhisutta MN・Ⅰ-47/正見経　南伝 9-75～76
7-5……Bhaddālisuttanta MN・Ⅰ-440/跋陀利経　南伝 10-244

4　理想に生きる

1-1……Appamattakavagga AN・Ⅰ-35～36/一集第 19 不放逸品 1　南伝 17-52,53
1-2……313 偈　Dh-45/南伝 23-65/岩波文庫 -53
1-3……岩波文庫 -94

7-4……173偈 Dh-26/南伝23-44/岩波文庫 -34

2　生のなりたち

1-1……436〜439,756偈　Sn-76, 147/南伝24-157〜158,289/岩波文庫 -89,170

1-2……大正 17-916b

1-3……大正 9-558b

1-4……271偈 Sn-48/南伝24-101/岩波文庫 -60

1-5……400偈 Thag-43/南伝25-193/岩波文庫 -97

2-1……日蔵 71-278下〜279上

2-2……4章1〜2偈 BA-88

3-1……582〜584偈 Sn-113/南伝24-221〜222/岩波文庫 -130

3-2……Saddhammavagga AN・Ⅲ-184〜185/五集第16妙法品　南伝19-258

3-3……大正 17-901c

4-1……Dhonasākhajātaka J・Ⅲ-158/張枝本生物語　南伝32-11

4-2……121〜122偈 Dh-18/南伝23-35〜36/岩波文庫 -27

5-1……Dasabalavagga SN・Ⅱ-28/因縁相応十力品　南伝13-40

5-2……岩波文庫 -39

5-3……弘全 1-423〜424

5-4……日蔵 71-170上

5-5……Mahātaṇhāsaṅkhayasu=tta MN・Ⅰ-261/愛尽大経　南伝9-454

5-6……Chachakkasutta MN・Ⅲ-285/六六経　南伝11下 -412〜413

5-7……大正 32-577b

3　理想を求めて

1-1……Alagaddūpamasutta MN・Ⅰ-138/蛇喩経　南伝9-253

1-2……Mil-84/南伝59上 -192〜193/東洋文庫Ⅰ-246〜247

1-3……Sacittavagga AN・Ⅴ-92/十集第6己心品51　南伝22上 -331

1-4……Sirikāḷakaṇṇijātaka J・Ⅲ-263/吉祥黒耳本生物語　南伝32-179

2-1……Paṭācārā Ap-559/長老尼

出典箇所一覧

Ⅰ　自己を見つめる

1　生きるすがた

1-1……Mahāvagga Vin・Ⅰ-23/大品　南伝 3-42～43

1-2……鈴木正三道人全集 -51

1-3……8 章 20 偈　BA-140

2-1……大正 52-33a

2-2……弘全 1-417～418

2-3……禅門法語集・中-653～654

2-4……406～409 偈　Thag-44/南伝 25-193～194/岩波文庫 -98

2-5……大正 56-17b

2-6……岩波文庫 -89

3-1……大正 12-277a

3-2……116 偈　Sn-21/南伝 24-43/岩波文庫 -33

3-3……Sāleyyakasutta MN・Ⅰ-286～287/薩羅村婆羅門経　南伝 10-3～5

4-1……Mahādukkhakkhandha=sutta MN・Ⅰ-88/苦蘊大経　南伝 9-145

4-2……Udayajātaka J・Ⅳ-111/優陀那王子本生物語 南伝 33-369

4-3……大正 9-477b

4-4……Mil-196/南伝 59 下 -7/東洋文庫Ⅱ-195

4-5……岩波文庫 -133

5-1……大正 12-274c

5-2……Kisāgotamī Ap-566/譬喩経　南伝 27-441

5-3……Devadūtavagga AN・Ⅰ-145～146/三集第 4 天使品　南伝 17-235～236

5-4……時宗全書 -31

6-1……日蓮遺文 2-1157～1158

6-2……岩波文庫・上 -110

7-1……禅門法語集・中 -657

7-2……8 章 18～19 偈 BA-140

7-3……201,223 偈 Dh-30,33/南伝 23-48,51/岩波文庫 -38,41

of the Royal Asiatic society, 1934, pp. 307〜325, 1936, pp. 237〜252.

RGV=Ratnagotravibhāga Mahāyānottaratantra-śāstra, ed. by E.H. Johnston, Patna, 1950.

Sp=Saddharmapuṇḍarīkasūtra, ed. by H. Kern and Nanjo, BB vol. X, 1908-1912.

VV=Vigrahavyāvartanī of Nāgārjuna, ed. By E.H. Johnston and A. Kunst, pp. 99-152, Méllanges chinois et Bouddhiqus, vol. Ⅸ, 1951.

Ⅲ．原典が和・漢文の場合

大正新脩大蔵経等の叢書を用い，巻数は原則として算用数字で示すが，叢書でないものは適宜上・中・下で示す。頁数は算用数字で，段数は2段の場合は上・下で示し，3段以上にわたるものはそれぞれa.b.cで掲げる。なお，浄土真宗聖典及び真宗聖教全書は，当該典籍の頁数のみで示している。また一般的に流布していると思われる，岩波文庫等に収録されているものは，それぞれ当該の文庫本の該当頁数を掲げる。使用した叢書名・典籍名は慣例の略号を用いる。主な略号は以下の通りである。

〔漢文・和文典籍〕

大正＝大正新脩大蔵経　　日蔵＝日本大蔵経（鈴木学術財団）

日仏全＝大日本仏教全書（鈴木学術財団）

浄真＝浄土真宗聖典　　東方仏教＝国文東方仏教叢書

聖全＝真宗聖教全書　　思想大系＝日本思想大系（岩波書店）

浄全＝浄土宗全書　　世古典全＝世界古典文学全集

弘全＝弘法大師全集　　伝全＝伝教大師全集

日蓮遺文＝昭和定本日蓮聖人御遺文集

慈雲全＝慈雲尊者全集　　恵全＝恵信僧都全集

大乗仏典＝大乗仏典（中央公論社）

1987年2月　第14刷

Mahāparinibbānasuttanta= 中村元『ブッダ最後の旅』

1987年2月　第9刷

Suttanipāta= 中村元『ブッダのことば』　1987年5月　第7刷

Theragāthā= 中村元『仏弟子の告白』　1987年7月　第6刷

Therīgāthā= 中村元『尼僧の告白』　1982年4月　第1刷

Ⅱ．原典がサンスクリット文の場合

最善と思われる edition を用いるよう心掛けるが，シリーズで出版され入手し易いものを選んだ場合もある。偈番号，典籍名，叢書名，頁数の順で該当箇所を掲げる。さらに大正新脩大蔵経等にもその漢訳が収録される典籍は，蔵経の該当箇所も巻数，頁数，段数（a.b.c）の順で掲げる。主な略号は以下の通りである。

（シリーズ名の略号）

BB=Biblioteca Buddhica series.

BST=Buddhist Sanskrit Text series.

（典籍名の略号）

AKBh=Abhidharmakośabhāṣya, ed. by P. Pradhan, Patna, 1967.

Aśoka=E. Hultzsch；Inscriptions of Aśoka, Corpus Inscriptionum Indicarum, vol. 1, Delhi, 1969.

Aṣṭa=Aṣṭasāhasrikā prajñāpāramitā, ed. by P. L.Vaidya, BST Ⅳ, 1960.

BA=Bodhicaryāvatāra, ed. by P. L.Vaidya, BST vol. Ⅻ, 1960.

Viṃśikā=Mahāyānaviṃśikā of Nāgārjuna, ed. by G.Tucci, Minor Buddhist Text, p. 193ff. Serie Orientale Roma Ⅸ, 1956.

MK=Madhyamakakārikā, Prasannapadā, ed. by L. de. la.Vallée Poussin, BB vol. Ⅳ 1903-1913.

RatnāV=The Ratnāvalī of Nāgārjuna, ed. by G.Tucci : The Journal

凡　　例

本書の該当する大（章）・中見出し（節）の名称を先に掲げ，次に小見出しの番号とその見出し内での項目番号を算用数字で書き，ハイフンで結ぶ。出典の該当箇所はその後に叢書名または典籍名，頁数等の順で掲げるが，その記載の方法は以下を原則とする。

記号としては，以下のものを次の様な意味で使用する。

/= 出典叢書が二種類以上挙げてある場合の区切り。

, = 出典箇所が連続していない場合。

〜 = 出典箇所が連続して次の頁に続いている場合。

I. 原典がパーリ文の場合

PTS（Pāli Text Society）を用い，該当する典籍の偈番号または典籍名，次いでPTSにおける巻数（ローマ数字），頁数を掲げる。更に南伝大蔵経に於ける典籍名，該当巻数，頁数を掲げる。また一般に入手可能な岩波文庫，東洋文庫等に収録されるものは，文庫本の該当頁数も示す。主な略号は以下の通りである。

AN=Anguttaranikāya	Ap=Apadāna
Dh=Dhammapada	DN=Dīghanikāya
J=Jātaka	Mil=Milindapañhā
MN=Majjhimanikāya	Mp=Mahāparinibbānasuttanta
SN=Saṃyuttanikāya	Sn=Suttanipāta
Thag=Theragāthā	Thīg=Therīgāthā
Ud=Udāna	Vism=Visuddhimagga
Vin=Vinaya	南伝 = 南伝大蔵経

岩波文庫本は版数によって頁数が異なるものがあるので注意を要する。用いたものは以下の諸本である。

Dhammapada= 中村元『真理のことば感興のことば』

出典箇所一覧表

本書は、1992年に大蔵出版より刊行された
『現代仏教聖典』の新装版です。

〈新装版〉現代仏教聖典

1992年2月15日　初版　第1刷発行
2016年7月10日　新装版　第1刷発行

編　者　東京大学仏教青年会
発行人　石　原　大　道
印刷・製本　亜細亜印刷株式会社
発行所　有限会社　大　法　輪　閣
東京都渋谷区東2-5-36　大泉ビル2F
TEL　(03) 5466-1401(代表)
振替　00130-8-19番
http://www.daihorin-kaku.com
装幀　山本太郎

ISBN978-4-8046-1385-7　C0015　Printed in Japan